本のある空間で世界を広げる

図書館さんぽ

図書館さんぽ研究会

駒草出版

はじめに

ようこそ図書館の世界へ！

この本を手に取ってくださったということは、図書館をよく利用される方なのでしょうか。もしかしたら「図書館をもっと活用したいけれど……」と少し躊躇されていて、手に取ったという方もいらっしゃるかもしれません。

図書館というと、真っ先にイメージするのは近所の図書館だと思います。

じつは図書館には国立の国会図書館から都道府県立図書館、市町村立図書館、私設の専門図書館、大学図書館など様々な種類があるのをご存知ですか？

しかも、重厚で歴史のあるクラシックな建物や、洗練された建物など、本好きなら一度は足を踏み入れてみたいと思わせられるような、素敵な空間が広がる図書館などもあるのです。他にも自動貸出機など最先端の機器が取り入れられ、使い勝手がよい設備が整った図書館や、カフェを併設して館内で飲み物が飲める図書館なども。子どもの読み聞かせスペースや授乳室を備え、小さなお子さん連れでも気兼ねなくゆっくりと過ごせる図書館や、遅くまで開館している図書館も増えています。

またボードゲーム大会やビブリオバトルを開催したり、本屋さんと協力して展示を行ったり、レファレンスコーナーを充実させて利用者のニーズに対応できる環境をつくるなど、注目の取り組みも。図書館は「本と人」はもちろん、「人と人」をつなぐ場にもなり、日々進化しているのです。

この本では、図書館と一緒に本のある空間をより楽しんでいただけるように、ブックカフェやブックショップ、ついでに立ち寄りたいスポットなどを、お散歩のコースとしてご紹介しています。ぜひいろいろな図書館へ遊びに行って、お気に入りの図書館を見つけてみてください。

はじめに…2

1章

週末に行きたい
1日楽しめる
図書館さんぽ

千代田区立日比谷図書文化館…8
図書館？ 学校？ 博物館!?
学ぶ楽しさを発信する「知の拠点」
［レトロ銀座探訪］
日比谷～銀座のおさんぽコース…10
ついでに寄りたい おさんぽ Spot…12
Map&ここもおすすめ！…14

国立国会図書館国際子ども図書館…18
物語の舞台のような洋館で出会う
子どもの頃に読んだ、あの絵本
［絵本を探しに］
上野～谷根千のおさんぽコース…20
ついでに寄りたい おさんぽ Spot…22
Map&ここもおすすめ！…24

武蔵野市立
ひと・まち・情報創造館
武蔵野プレイス…28
街の活性化にも貢献する
人が集い、交流が生まれる図書館
［本とコーヒー］
武蔵境～三鷹のおさんぽコース…30
ついでに寄りたい おさんぽ Spot…32
Map&ここもおすすめ！…34

東京都立中央図書館…38
公立図書館として、蔵書数は国内最大級！
リサーチならおまかせの、知の宝庫
［アートに触れる］
広尾～六本木のおさんぽコース…40
ついでに寄りたい おさんぽ Spot…42
Map&ここもおすすめ！…44

鎌倉市中央図書館…48
利用者にやさしい工夫がいっぱい
本を身近に感じる図書館
〔鎌倉本めぐり〕
鎌倉のおさんぽコース…50
ついでに寄りたい おさんぽ Spot…52
Map&ここもおすすめ！…54

紫波町図書館…58
場を活気づけ、人をつなぐ
理想の街づくりを支える図書館
〔図書館を楽しむ旅〕
岩手県紫波町～盛岡の旅のコース…60
Map&ここもおすすめ！…64

2章
知りたい！
いろいろな
図書館の世界

図書館にはこんな種類が…70
図書館の使い方 基本編…72
図書館の使い方 応用編…74
来々《ライライ》！ライブラリー
はじめての国立国会図書館の巻…76

3章
お出かけや旅行に
全国の注目の
図書館105館

図書館のプロに聞くおすすめ図書館
〔東京編〕竹内庸子さん…114
図書館のプロに聞くおすすめ図書館
〔地方編〕猪谷千香さん…126

おわりに…140
図書館Index…142

1章

週末に行きたい 1日楽しめる 図書館さんぽ

おしゃれなカフェが併設されている図書館や
クラシック建築が見学できる図書館など、
最近、個性あふれる楽しい図書館が増えています。
この章では、東京を中心に魅力的な図書館をご紹介し、
活用法のアイデアもご案内しています。
また、各図書館を起点に、
魅力的なブックスポットなどをまわる
お散歩コースも考えてみたので、
どうぞ、お休みの日の予定の参考に。
本に囲まれた空間で過ごすことで、
知識を深めたり、刺激を受けたり、
自分の世界が広がるような体験ができるはず。
また、散歩からさらに足を延ばして、
「図書館をめぐる旅」もご提案しています。
ぜひ、今度の週末は図書館へ！

千代田区立

日比谷図書文化館

図書館? 学校? 博物館!?
学ぶ楽しさを発信する「知の拠点」

日比谷公園にある、三角形の建物。かつては「都立日比谷図書館」だったこの場所が千代田区に移管され、2011年、「日比谷図書文化館」として生まれ変わりました。

図書館ではなく、図書「文化」館。この違いは、実際に訪れてみるとよくわかります。1Fには書棚も閲覧室もなく、あるのは展覧会が催される展示室とカフェ。2Fの壁には、「日比谷カレッジ」と題し、日比谷図書文化館が企画した、多彩なテーマの講座やセミナーの案内が貼られています。

2F、3Fにある図書フロアも、かつてのオーソドックスなスタイルから一変。「今日の1冊」という日替わりで本を提案するコーナーや、アート本をインテリアのように並べ、おしゃれな椅子を配したコーナーなど、思わず本を手に取ってみたくなる仕掛けが満載です。特に目的がなく訪れても、興味を惹かれるものが見つかるはず。

オフィスビルが立ち並ぶ場所柄、ビジネ

⬆1Fの「Library Shop & Café Hibiya」。公園の緑を眺めながら読書ができます。書籍や雑誌のほか、文房具も売っており、自習する際に便利です。

⬆4Fには、貴重な古書約2万冊を読める「特別研究室」が。奥には電源や無線LANを完備したスタディルーム（有料）もあり、書斎のように使えます。

➡「江戸・東京」「本」「スキルアップ」「芸術」「センスアップ」の5つのカテゴリーで、講座やセミナー、ワークショップなどを開催する「日比谷カレッジ」。

Library Comment

展示を見た後に関連書籍を借りたり、本を読んで関心を持ったテーマの講座を受けたり、興味や知識が広がる楽しさを味わえる場所です。ぜひ、自分に合った使い方を見つけてください。

Data

㊟千代田区日比谷公園1-4
✆03-3502-3340（代表）
㊐10：00～22：00（土曜は～19：00、日・祝休日は～17：00）
㊡第3月曜、12／29～1／3、特別整理期間

スパーソンの利用者が多く、「江戸や東京に関するもの」「ビジネスに役立つもの」「アートや文化に関するもの」という3つの観点からの蔵書が充実。児童書はありませんが、千代田区内の他の図書館にある本なら、取り寄せることもできます。

自習環境も整っており、無線LANが完備。インターネットで調べ物などができるiPadの貸出も行われています。図書フロアは、平日は22時まで開館しているため、自習スペース、セカンドオフィスとして利用する社会人の姿も見られます。

さらに図書館の本は、1FのカフェやB1Fのダイニングに持ち込み可能で、コーヒーや、さらにはビール（!）を飲みながら読書が楽しめます。日本国内在住であれば、誰でも貸出サービスを利用できるので、天気のいい日は日比谷公園で読書しても。

様々な知との出会いや楽しみ方を提案する、新しいタイプの図書館です。

日比谷～銀座の

おさんぽコース

レトロ銀座探訪

Ⓐ日比谷図書文化館

2F図書フロアのパープルゾーンには、江戸・東京関連の資料が充実。ガイド本から歴史や文化に関する本まで、幅広いラインナップです。

窓際の席でゆったり調べ物。借りたiPadで行きたい場所の最新情報も確認できます。

市政会館1Fには「市政専門図書館」があります！

Ⓑ市政会館・日比谷公会堂

公会堂とオフィスビルが一体となった珍しい造り。昭和の初期に流行したスクラッチタイルを張っているのも特徴です。東京都選定歴史的建造物に選定。

Ⓒ銀座スカイラウンジ

老舗レストラン「東京會舘」の直営。伝統のフレンチを、有楽町の景色を眺めながら楽しめます。夜景が見られるディナータイムも人気。

Ⓓ奥野ビル

集合住宅建設で名高い同潤会アパートメントの建設部長だった、川元良一氏が設計。レトロな窓枠など、往時の名残があちこちに見られます。

銀座最古の手動式エレベーター。ドアは自動ではなく自分で開閉します。

江戸・東京本が充実している「日比谷図書文化館」。銀座散歩の前に寄ってみると街歩きが楽しくなるヒントが見つかります。今回の散歩のテーマは「レトロ銀座探訪」に決定！ コースを決めたら出発です。

まずは日比谷図書文化館近くのレトロ建築へ。昭和4年竣工の「市政会館・日比谷公会堂」は、時計塔が印象的なネオゴシック様式の建物で、威厳のある佇まいです。

有楽町に移動し、交通会館ビルの最上階にある「銀座スカイラウンジ」でランチを。ここは床が動き、80分かけて一周する回転レストラン。昭和40年の開業当初は珍しさもあって、大ブームとなったそう。

ランチ後は、銀座一丁目の「奥野ビル」を見学。ここは昭和7年に竣工した高級アパートで、今もエレベーターなどアパート建築の特徴が残っています。多くのアーティストに愛され、現在もアンティークショップやギャラリーとして活用されています。

Ⓔ森岡書店

鈴木ビルは、かつて写真家・名取洋之助氏が率いた編集プロダクション「日本工房」の事務所があった場所。出版文化への思いが、1冊の本を大切に売る森岡書店にも引き継がれています。

Ⓕ和光

言わずとしれた高級専門店。設計は渡辺仁氏。時計塔はもちろん、細部の装飾も素敵。西口階段の、2Fに上がる踊り場にある、アラベスク模様が施された窓は必見です！

和光本館並びの和光アネックス地階では、時計塔が描かれたクッキー缶を販売。おみやげにぴったり。

Ⓖ資生堂パーラー 銀座本店 サロン・ド・カフェ

「アイスクリームソーダ」はレモン、オレンジのほか、月替りで季節の果物を使った限定味も。アイスクリームは専用の厨房で手づくりしたもの。

資生堂パーラー 銀座本店にほど近い「電通銀座ビル」は昭和9年竣工。正面玄関の上にはエキゾチックな吉祥天と広目天の彫刻が。

Ⓗビヤホールライオン 銀座七丁目店

モザイクタイルの壁画が印象的な建物は、新橋演舞場を手がけた菅原栄蔵氏が設計。1F客席部分の内装のほとんどは、創建当時のまま残っています。

昭和4年竣工の「鈴木ビル」も、今も現役のレトロ建築。様々なデザインの窓、市松模様のタイルなど、独特の意匠が目を引くこのビルの1Fに入っているのが、「**森岡書店**」です。「一冊の本を売る書店」がコンセプトのユニークな書店で、週替わりで1冊の本に限って販売し、その本に関連する展示やイベントも開催しています。

銀座の中心部に戻り、昭和7年竣工の「**和光**」本館へ。ネオ・ルネサンス調の建物は銀座の顔としての風格に満ちています。

歩き疲れたら**資生堂パーラー**の「**銀座本店 サロン・ド・カフェ**」で休憩を。明治35年の創業メニューであるソーダ水と自家製アイスクリームからなる「アイスクリームソーダ」でモダンガール気分を楽しみます。

ゴールは「**ビヤホールライオン 銀座七丁目店**」。昭和9年創建、現存する日本最古のビヤホールは昭和ロマンの香り。80年以上、酔客を見守ってきた天井の下で乾杯！

こんなところも♪

ついでに寄りたい おさんぽ Spot

商業施設

エントランスに残るアールデコの意匠

Ⓚ交詢ビル DININGS & STORES

昭和4年竣工。平成16年に建て替えられ、「バーニーズニューヨーク銀座本店」や「人形町今半 銀座店」等の有名店が軒を連ねる商業施設に。バーニーズ入口のファサード部分に旧建築の正面玄関が残されています。

図書館・図書室

植物や公園のことならおまかせ

Ⓘみどりの図書館 東京グリーンアーカイブス

日比谷公園内にある、植物や公園などに特化した緑の専門図書館。本や雑誌だけでなく、公園や緑地に関する古写真、公園の図面、公園や名勝を描いた錦絵、絵はがきなどの貴重な資料も収集・保存しています。

宿泊施設

まるで「泊まれるブックカフェ」

ⓁBookTeaBed GINZA

本好きには夢のような、新感覚ホステル。施設内のいたるところにある本棚には、ベストセラーから写真集、ガイドブック、マンガまで幅広いジャンルの本が約2,000冊。泊まりながら、心ゆくまで読書ができます。

カフェ・喫茶店

本やアートのある空間でスイーツを

Ⓙカフェ&ブックス ビブリオテーク 東京・有楽町

おしゃれな本棚に囲まれた、カルチャーミックスなカフェ。果物がふんだんに載ったパンケーキなど、ボリューム満点でフォトジェニックなスイーツが人気です。かわいい雑貨も購入できます。

Data

Ⓑ市政会館・日比谷公会堂　(住)千代田区日比谷公園１－３　＊日比谷公会堂は2018年10月現在、大規模改修のため休館中。市政会館は現在もオフィスビルとして使用。年２回、館内の定期見学会を開催。後藤・安田記念東京都市研究所のHPを参照 http://www.timr.or.jp

Ⓒ銀座スカイラウンジ　(住)千代田区有楽町２-10-１　東京交通会館15F　☎03-3212-2775　(営)11：00〜22：00　(休)12／30〜１／１

Ⓓ奥野ビル　(住)中央区銀座１－９－８

Ⓔ森岡書店　(住)中央区銀座1-28-15　鈴木ビル1F　☎03-3535-5020　(営)13：00〜20：00　(休)月曜

Ⓕ和光　(住)中央区銀座４－５－11　☎03-3562-2111（代表）　(営)10：30〜19：00　(休)年末年始

Ⓖ資生堂パーラー 銀座本店 サロン・ド・カフェ　(住)中央区銀座８－８－３　東京銀座資生堂ビル３F　☎03-5537-6231（予約不可）　(営)11：30〜21：00（日・祝日は〜20：00）　(休)月曜（祝日の場合は営業）

Ⓗビヤホールライオン 銀座七丁目店　(住)中央区銀座７－９-20　☎03-3571-2590　(営)11：30〜23：00（日・祝日は〜22：30）　(休)無休

Ⓘみどりの図書館　東京グリーンアーカイブス　(住)千代田区日比谷公園１－５　☎03-5532-1347　(開)９：00〜17：00　(休)日・祝日、年末年始

Ⓙカフェ＆ブックス ビブリオテーク 東京・有楽町　(住)千代田区有楽町２－５－１ ルミネ有楽町店　ルミネ１ ３F　☎03-5222-1566　(営)11：00〜21：00　(休)不定休

Ⓚ交詢ビル DININGS & STORES　(住)中央区銀座６－８－７　※電話番号、営業時間、定休日はショップにより異なる

Ⓛ BookTeaBed GINZA　(住)港区新橋１-９-１　新橋二光ビル５F　☎03-6264-5307

Ⓜ銀座 蔦屋書店　(住)中央区銀座６-10-１　GINZA SIX ６F　☎03-3575-7755　(営)10：00〜22：30　(休)不定休

Ⓝ教文館　(住)中央区銀座４－５－１　☎03-3561-8446（代表）　(営)各フロアにより異なる　(休)元日

書店

「アートのある暮らし」を提案

Ⓜ銀座 蔦屋書店

アート、写真、建築、デザイン、ファッション…etc. 世界中から集めたアート関連本が並ぶ本棚は圧巻。店内でアート作品の展示も行われており、実際にアートに触れることができる体験型のブックストアです。

書店

レトロ建築の面影を見つけて

Ⓝ教文館

明治18年にキリスト教の出版社・書店として創業した老舗書店。現在の建物は、A.レーモンド氏の設計により、昭和８年に竣工。外観は改装しましたが、エレベーターホールなどにアールデコ装飾が残っています。

Ⓠ改造社ビル

昭和5年頃竣工。当時の面影を残すタイル貼りの左側（改造社書店）と右側で外観が異なるユニークなビル。

Ⓡ三省堂書店 有楽町店

工夫を凝らしたPOPや迫力ある陳列など、思わず本を買いたくなる仕掛けがいっぱいの、活気ある本屋さん。

Ⓞふるさと情報コーナー

地方公共団体の観光、物産、イベントなどを紹介するパンフレットを展示。無料で持ち帰りもできます。

ⓅMUSEE GINZA_KawasakiBrandDesign

レンガ調のタイルが趣深い建物は、昭和7年に竣工。現在はギャラリーとして活用されています。

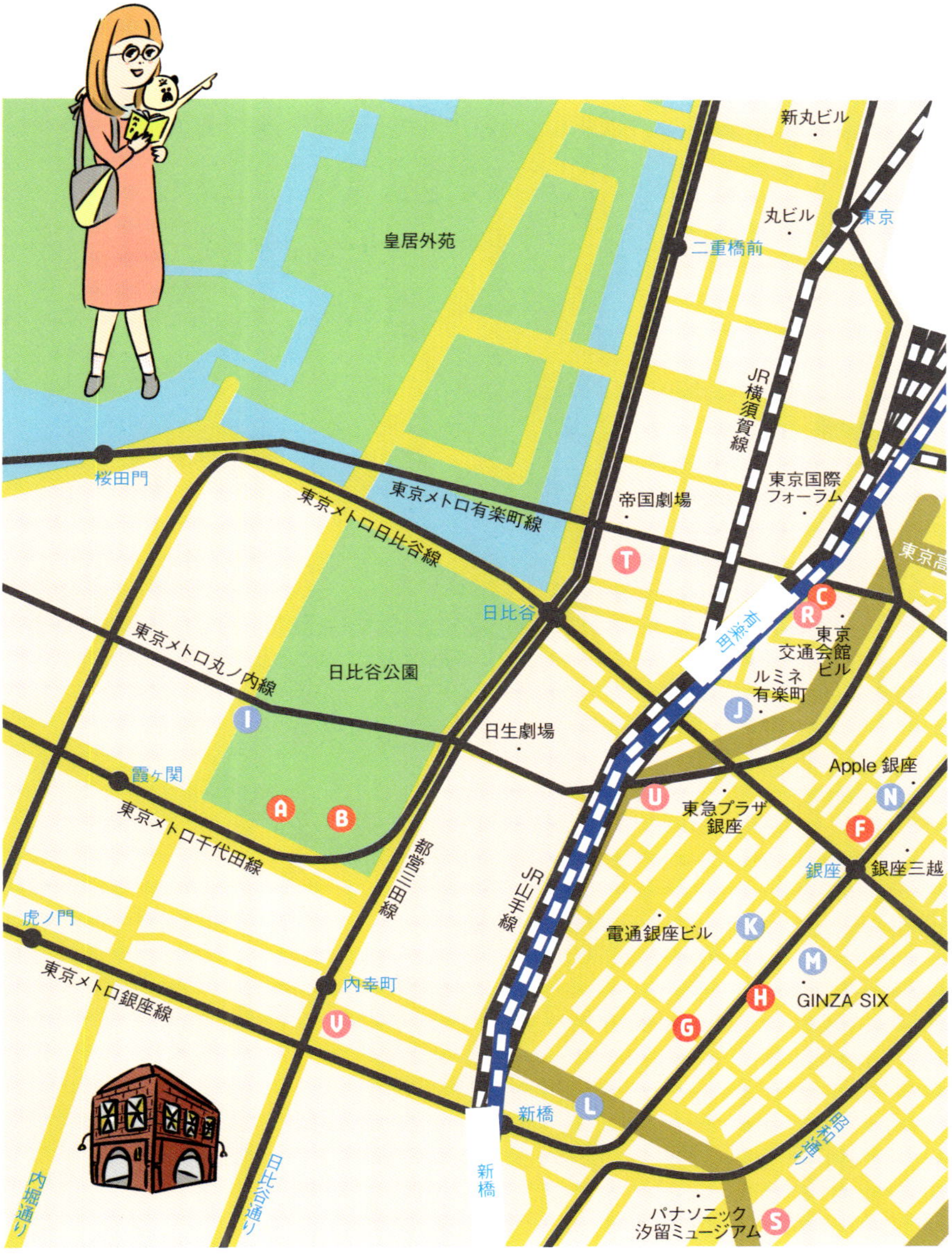

U 中央区立泰明小学校

昭和4年竣工。校門の装飾や連続した半円型の窓などに、大正期に多く見られた表現主義建築の影響が。

V 航空図書館

日本で唯一の航空専門図書館。書籍や雑誌から新聞記事の切り抜き、ビデオまで、航空関係の資料が大充実!

S 中銀カプセルタワービル

黒川紀章氏が設計した、カプセル型集合住宅。箱を積み上げたような外観が衝撃的。定期的に見学会も開催。

T 旧第一生命館(DNタワー21)

10本の列柱が印象的。設計者のひとりは和光本館と同じ渡辺仁氏。かつてGHQ本部があったことでも有名。

Hibiya
Library & Museum

千代田区立日比谷図書文化館

3
生活
カルチャー
男性誌
女性
趣味
CYCLE SPORTS
ソトコト
Casa
TRANSIT

国立国会図書館

国際子ども図書館

物語の舞台のような洋館で出会う
子どもの頃に読んだ、あの絵本

広々とした上野恩賜公園。大噴水の横を抜け、東京藝大方面へ進むと見えてくる優美な洋風建築が、「国際子ども図書館」です。

かつては日本唯一の国立図書館、「帝国図書館」だったこの建物。改修を経て、２０００年より国立の児童書専門図書館として生まれ変わりました。２０１５年には、ガラスに覆われた近代的な「アーチ棟」が完成、従来の建物は「レンガ棟」と名付けられ、さらにサービスや展示が充実しました。利用者への貸出は行われていませんが、歴史ある部屋で優雅な気分で読書ができます。

絵本や児童書を読みたい方は、レンガ棟１Ｆへ。絵本や読み物が充実した「子どものへや」や、世界の国を紹介する児童書が集まった「世界を知るへや」は、子どもはもちろん、大人にも楽しい場所。ただ童心に返るだけでなく、大人になった今だからこそ発見できる、何かがあるかも。

レンガ棟２Ｆには明治から現代までの日

↓いろいろな種類の木版を組み合わせた、寄木細工造りの床。

↑天井の美しい漆喰装飾は、左官職人がコテで描いたもの。精巧な技術に感動！

↑帝国図書館だった頃は「貴賓室」として使われていた「世界を知るへや」。天井の装飾や床板などに当時の内装が残されているので、要チェック。

Library Comment

絶版本も含め、幅広く児童書を保存しており、紙芝居などもあります。お子さんだけでなく、大人でも建築に興味がある方や、子どもの頃に読んだ本を探しにくる方がご来館されています。

↑美しい曲線を描くアーチ棟。2Fの「児童書研究資料室」は、最近受け入れた日本の児童書や海外の絵本のほか、児童書を研究するための資料を閲覧できます。

Data

住 台東区上野公園12-49
☎ 03-3827-2053(代表)
http://www.kodomo.go.jp/
開 9:30〜17:00
休 月・祝休日
(5／5のこどもの日は開館)、
年末年始、第3水曜(資料整理休館日)

→1Fから3Fへ上がる吹き抜けの「大階段」。優雅なシャンデリアや、繊細な装飾が美しい階段の手すり等は、明治39年の創建当時のもの。ここは写真撮影も可。

本の子どもの本の歩みを展示した「児童書ギャラリー」が。児童文学史、絵本史それぞれについて、各時代の特色や代表的な作品を紹介しています。昔、夢中で読んだ本を探して、タイムスリップ気分を味わってみては。また、3Fにある「本のミュージアム」では、子どもの本に関する企画展を開催。海外の子どもの本や、児童書の歴史について知識を深め、新たな視点で子どもの本の世界を見つめることができます。

作家を招いての講演会や、子どものための絵本と音楽の会など、様々なイベントも開催されているので、それに合わせて来館するのも楽しいもの。

また、この図書館の特徴は、子どもの本の世界に浸れるだけではなく、貴重な建築遺産を鑑賞できること。火・木曜の午後に開催されている図書館のガイドツアーに参加すると、建築の歴史や見どころも案内してもらえるので、興味のある方は、ぜひ。

上野～谷根千の

おさんぽコース

絵本を探しに

Ⓐ国立国会図書館国際子ども図書館

「世界を知るへや」では、日本の絵本の海外翻訳版を展示。『おふろだいすき』のオランダ語版では、お風呂のふたが描かれていないなど、比較すると文化の違いを発見できます。

「本のミュージアム」の展示は見応えあり（無料とは思えない！）。じっくり観てしまいます。

Ⓑカヤバ珈琲

趣のある建物は、大正５年築。一度は閉店したものの、再開を望む声が根強く、改修工事を経て、平成21年に復活！

しっとりふわふわの食パンに、やさしい味の厚焼き玉子。頬張ると幸せな気持ちになる魔法のサンドです。マスタード味がいいアクセントに。

ⒸTokyobike Rentals Yanaka

創業300年を超える酒屋を改装した店舗には、カフェスペースも併設。センスのあるバッグやスニーカー、日用雑貨なども販売しています。

Ⓓみかどパン店

現在はパンはつくっておらず、お店の隣にそびえるヒマラヤ杉をモチーフとした、手づくりクッキーやラスクを販売。谷中みやげにも最適。

のんびり散歩中の猫に遭遇♡

樹齢90年超！　谷中のシンボル、ヒマラヤ杉

谷中はいい味出している看板があちこちに。

今回の散歩のテーマは、ずばり「絵本」。まずは「国際子ども図書館」で、ゆったり読書を。昔懐かしの絵本や、初めて出会う絵本、遠い国の絵本…etc. 豊かな世界に触れて心が満たされたら、本の街へ。自分だけの1冊を探しに出かけましょう。

ちょうど国際子ども図書館のお隣は、古本屋さんがひしめく谷中エリア。

まずはレトロな店構えが素敵な「カヤバ珈琲」で、絵本に出てきそうな、黄金色のたまごサンドをいただきます。

そして行動範囲を広げるために、自転車をレンタル。「Tokyobike Rentals Yanaka」では、東京の街を走るためにつくられた自転車、tokyobikeを借りられます。

谷中の街を走っていて、目に飛び込んできたのが大きなヒマラヤ杉と、その下にあるレトロな「みかどパン店」。ラスクを買って木陰で食べたら、絵本探しスタート。

「ひるねこBOOKS」は、絵本や児童書、

買い食い天国、
谷中銀座へ
ようこそ!

行列必至!「肉のすずき」の大人気メンチカツ

磯の香りに心惹かれる「丸初福島商店」の海鮮串

和栗ペーストをぜいたくに使った「和栗や」の栗薫ソフト

Ⓖ Biscuit

絵本以外にも、ヴィンテージのボタン等の手芸用品や、ぬいぐるみなど、ヨーロッパの古くてかわいいものが並ぶ店内は、おもちゃ箱のよう。

Ⓔ ひるねこBOOKS

木の温もりを感じさせる店内は、居心地のよさ満点。店主の方が児童書出版社に勤めていたこともあり、子どもの本は充実のラインナップ。

Ⓕ Coffee&Bindery Gigi

本にする紙や表紙を持参すれば、1冊から本をつくることができます。製本機の使い方も簡単なので、初めての人でもぜひチャレンジを!

Ⓗ ブックス&カフェ・ブーザンゴ

店名の「ブーザンゴ」は、1830年代のフランスの、急進的な芸術家の卵たちの呼び名から。店内の古書もフランスに関連した書籍が多数。

猫の本などが充実した本屋さん。古書をメインに新刊も販売。原画展なども行っており、絵本の魅力を感じられるお店です。

「Coffee&Bindery Gigi」は、ハンドドリップのおいしいコーヒーが飲めるカフェですが、ユニークなのは、2Fに印刷物を製本して、1冊の本にできるスペースがあること。自分が描いたイラストを持っていけば、オリジナルの絵本もつくれます!

次に向かったのは、人気雑貨店「Biscuit」。扉を開けると、カラフルな雑貨がひしめく夢の空間。外国のかわいい絵本もあるので、宝探し気分でチェックを。

小腹が空いたら谷中銀座まで足を延ばして。食べ歩きグルメを満喫できます。

長かった1日の最後は「ブックス&カフェ・ブーザンゴ」へ。店内の本棚には文学や美術、音楽の本などが並び、購入することが可能。お酒も楽しめるので、今日手に入れた本をつまみに飲むのも乙なもの。

こんなところも♪

ついでに寄りたい おさんぽ Spot

古書店

古本ハンティングを楽しんで

Ⓚ古書bangobooks

くねくねと曲がる通称「へび道」にある、ブルーの扉。中に入ると、ノンフィクションから自然科学の本、料理本など様々なジャンルの本が。じっくり時間をかけて、お気に入りの1冊を探したいお店。

美術館・図書室

気軽に「美」に触れられる図書室

Ⓘ東京都美術館 美術情報室

東京都美術館は、日本初の公立美術館。国内外の名品と出会える展覧会を多数開催。1Fには美術関連書や展覧会のカタログ、美術雑誌などを無料で自由に閲覧できる図書室『美術情報室』もあります。

書店

未知の本との出会いをつくる書店

Ⓛ往来堂書店

作品の内容によって本棚の品揃えを考える店づくりが、多くの読書家に支持されている本屋さん。新刊やベストセラーだけでなく、店独自の感性で選ばれた本が並び、棚を見ているだけでも多くの発見があります。

古書店

植物×古書の組み合わせが新鮮!

Ⓙ弥生坂 緑の本棚

園芸店に勤めていた店主さんが「植物と本」をテーマにオープンした古書店。店の中央で存在感を放つヤシの木のほか、店内のいたるところに植物が。奥の静かなカフェコーナーでは食用の多肉植物もいただけます。

Data

Ⓑカヤバ珈琲　(住)台東区谷中６-１-29　☎03-3823-3545　(営)８：00〜21：00（日曜は〜18：00）　(休)年末年始

ⒸTokyobike Rentals Yanaka　(住)台東区谷中４-２-39　☎03-5809-0980　(営)10：00〜19：00　(休)火曜

Ⓓみかどパン店　※非公開　※谷中のヒマラヤ杉の隣

ⒺひるねこBOOKS　(住)台東区谷中２-１-14-101　☎070-3107-6169　(営)11：00〜20：00　(休)火曜

ⒻCoffee&Bindery Gigi　(住)文京区千駄木２-44-17　☎03-5834-8926　(営)11：00〜23：00（日曜は〜19：00）　(休)月〜水曜

ⒼBiscuit　(住)台東区谷中２-９-14　☎03-3823-5850　(営)11：00〜18：00　(休)無休

Ⓗブックス＆カフェ・ブーザンゴ　(住)文京区千駄木２-33-２　☎03-3823-5501　(営)夕方〜23：00　(休)火曜（祝日の場合は翌日休）

Ⓘ東京都美術館 美術情報室　(住)台東区上野公園８-36　☎03-3823-6921（代表）　(開)10：00〜17：00　(休)第１、第３月曜（祝日の場合は翌日休）、整備休室のほか、美術館に準ずる

Ⓙ弥生坂 緑の本棚　(住)文京区弥生２-17-12　野津第二ビル１F　☎03-3868-3254　(営)13：00〜21：00（日曜は〜18：00）　(休)月曜（木曜は不定休）

Ⓚ古書bangobooks　(住)台東区谷中２-５-10　☎03-6326-5388　(営)12：00〜19：00（平日は仕入れのため不在の場合あり）　(休)無休（臨時休業あり）

Ⓛ往来堂書店　(住)文京区千駄木２-47-11　☎03-5685-0807　(営)月〜土曜10：00〜22：00　日・祝日11：00〜21：00　(休)年末年始

Ⓜ台東区立中央図書館谷中分室　(住)台東区谷中５-６-５　谷中防災コミュニティセンター３F　☎03-3824-4041　(開)９：30〜21：00（日曜は〜17：00）　(休)月曜（第２日曜の翌日と第５月曜は開館）・祝日・第２日曜（10月は変更の場合あり）・第５月曜の前日・第３木曜（祝日の場合は翌日休）、年末年始、特別整理期間

Ⓝ古書OLD SCHOOL　(住)台東区谷中３-５-７　☎080-3415-2016　(営)12：00〜19：00　(休)金曜（仕入れの都合で木曜になる場合あり）

図書館・図書室

谷中の観光資料も揃ってます！

Ⓜ台東区立中央図書館谷中分室

子どもや中高生向けの本が多く、アットホームな雰囲気の図書館。谷中の歴史やおすすめスポットを紹介するコーナー『谷中さんぽ基地』も併設しています。街歩きの参考に立ち寄って、資料収集してみては？

古書店

猫ファンにもおすすめの古本屋さん

Ⓝ古書OLD SCHOOL

主に国内外の小説や音楽・芸術系の本が並ぶ中、目を引くのが猫の本の充実ぶり。店主の方が猫好きなうえ、近くに学校や公園があり、子ども連れのお客さんも多いことから、猫の絵本を多く揃えているそう。

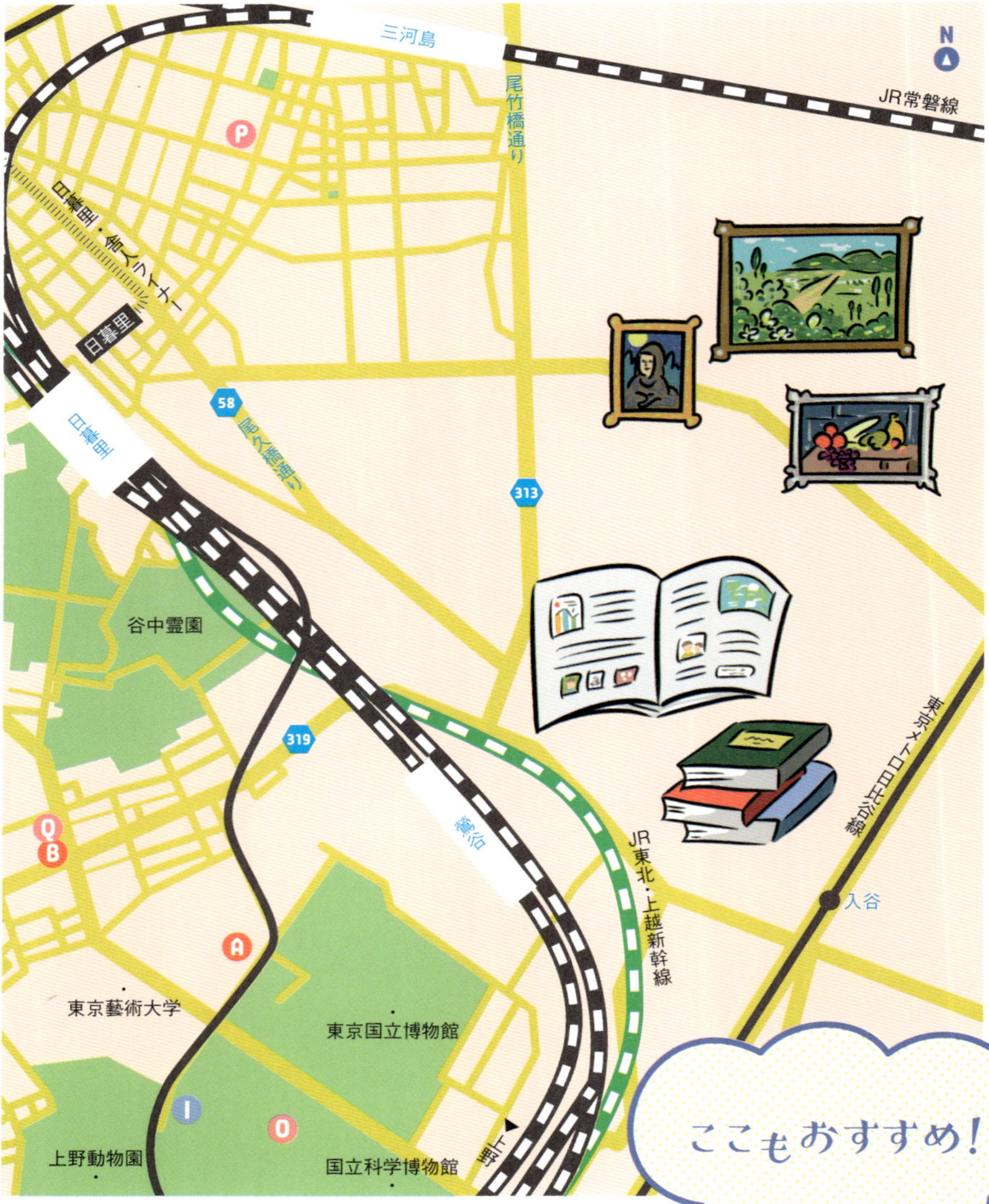

ここもおすすめ!

Qスカイザバスハウス

200年の歴史を持つ銭湯「柏湯」を改装したユニークなギャラリー。現代アートの展示会を意欲的に開催。

Rひみつ堂

かき氷専門店。日光の天然氷を手動式で削ったかき氷はふわふわ。旬の素材でつくった「純粋氷蜜」も大人気!

O上野恩賜公園

毎年GWには「上野の森 親子ブックフェスタ」が開催。絵本や児童書などが読者謝恩価格で販売されます。

Pパン屋の本屋

食や暮らしに関する本、子どもの本が充実した書店。併設のパン屋「ひぐらしベーカリー」もぜひ立ち寄りを。

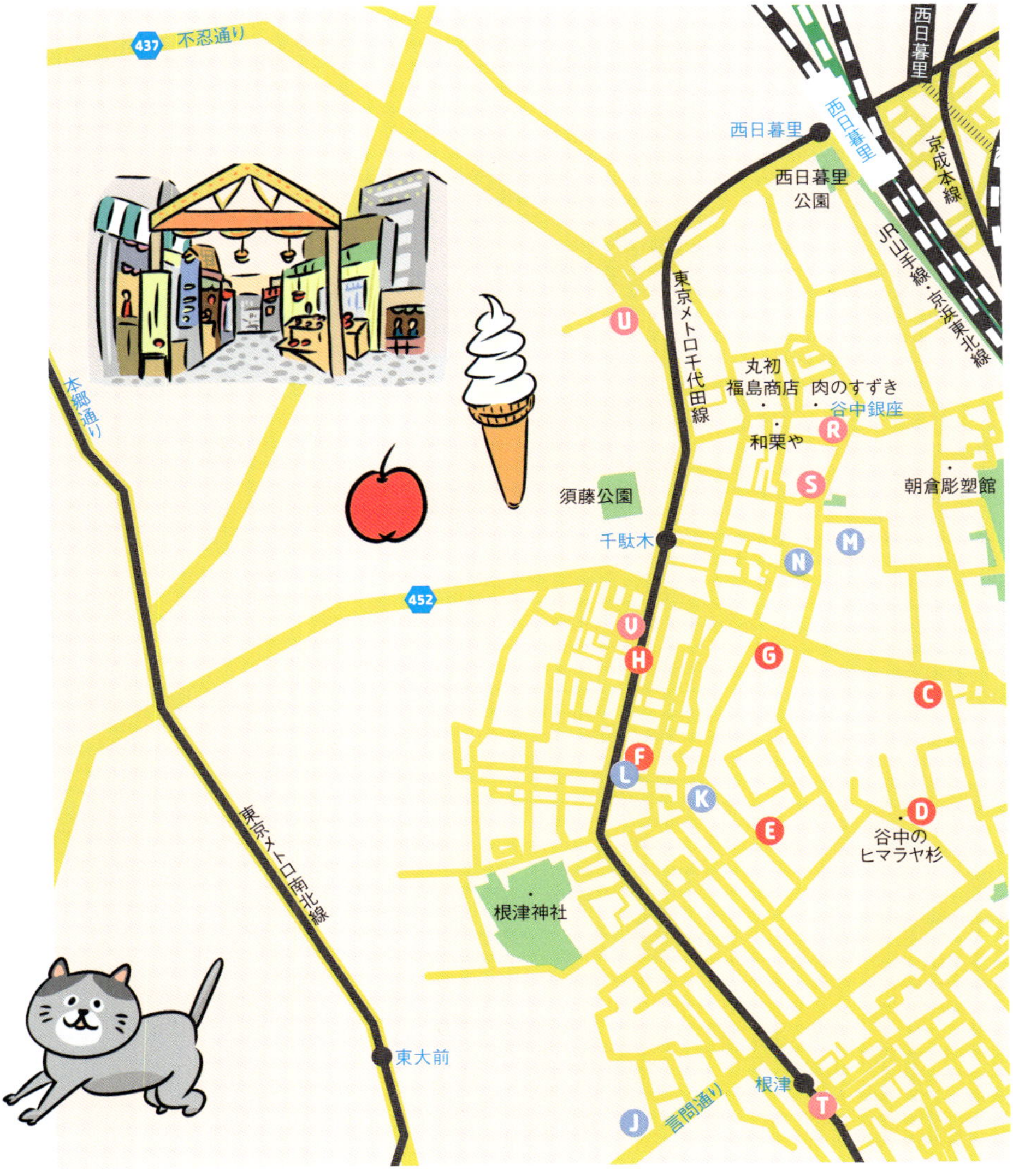

U古書ほうろう

広い店内には、文庫から写真集まで、幅広い品揃えの古書がぎっしり。トークショーなどのイベントも開催。

Uおにぎりカフェ 利さく

羽釜で炊いたごはんを握ったおにぎりは、やさしい味。手づくりのおそうざいをセットにした定食も好評。

SHAGISO

築60年の木造アパートを改修した複合施設。カフェやギャラリー、整体等を行うサロンなどが入っています。

T根津メトロ文庫

東京メトロ千代田線根津駅の改札内に設置されている、車両型の本棚。約600冊の蔵書を自由に借りられます。

International Library of Children's Literature

国立国会図書館国際子ども図書館

武蔵野市立ひと・まち・情報創造館

武蔵野プレイス

街の活性化にも貢献する
人が集い、交流が生まれる図書館

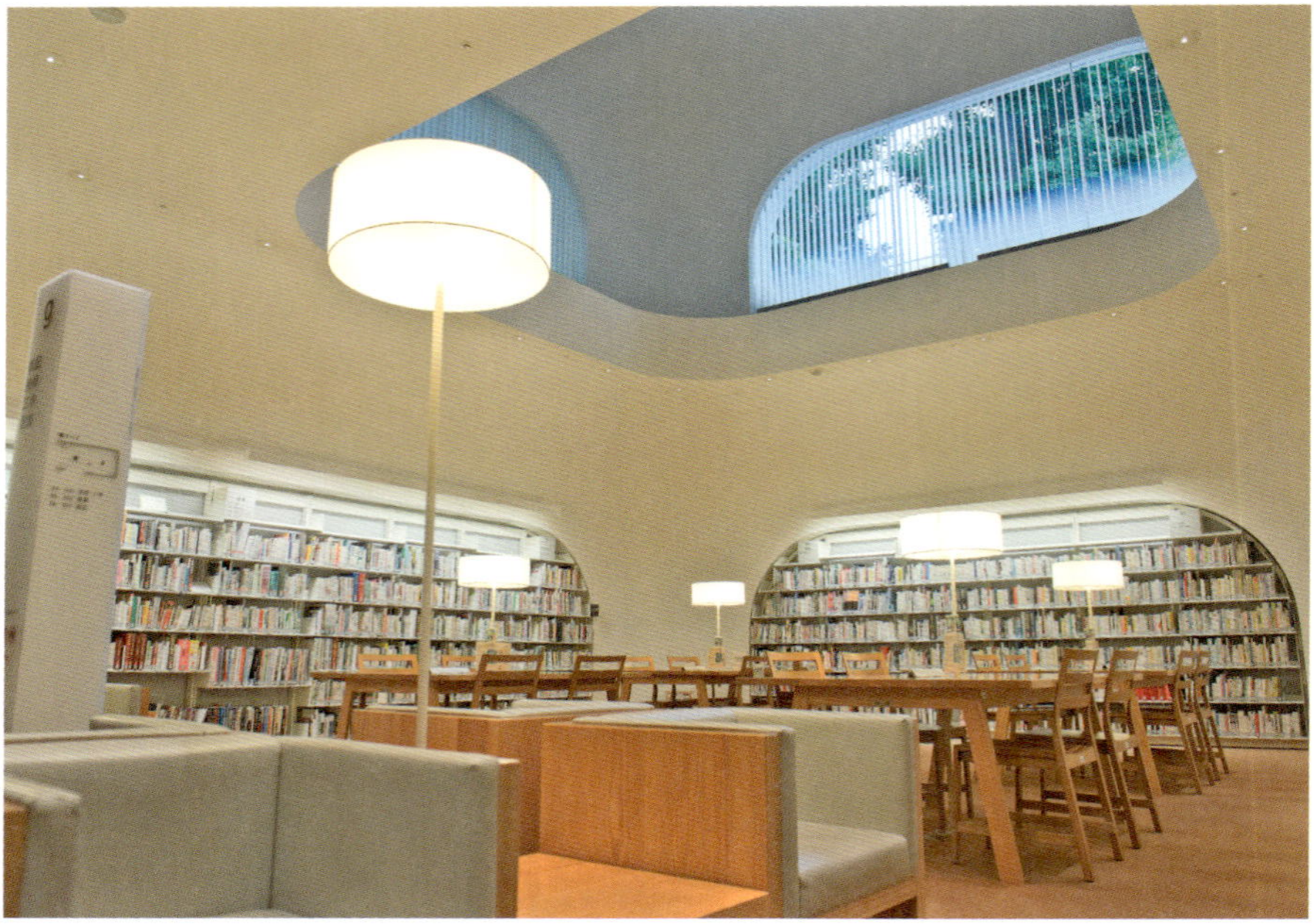

ＪＲ武蔵境駅から見える、丸みを帯びた不思議な白い建物。中に入ると子どもの声がやわらかく響き、ここが図書館であることを、一瞬忘れそうになります。内部も曲線的なデザインで、吹き抜けのある開放的な空間は、明るい光で満たされています。

ここ「武蔵野プレイス」は、図書館だけでなく、生涯学習支援、市民活動支援、青少年活動支援という４つの機能を持つ複合機能施設として２０１１年に開館。そのため随所に図書館らしくない点が見られます。「声が響く」のも、そのひとつ。一般的に図書館は静かで、子育て世代には長居しにくい場所でした。そこで武蔵野プレイスは、多少のおしゃべりは許容することに。そのかわり、吹き抜けをつくって音を拡散させ、心地よく響くように設計したそう。

１Ｆの中心にはカフェが、３Ｆには市民活動ができる「ワークラウンジ」があり、建物全体に人の賑わいが感じられます。Ｂ

↑おしゃべり&飲食OK。テーブルサッカーやカードゲームも借りられる青少年フロアは大人気。家でもない、学校でもない、子どもの第三の居場所となっています。

↑児童図書が約4万3,000冊、児童向け雑誌が20誌揃う、2Fの「こどもライブラリー」。スタッフお手製の紙飾りは季節ごとに模様替えするそう。

Library Comment

子どもから子育て世代、ビジネスパーソンや高齢者まで、あらゆる世代の方が利用しやすい場を目指しています。今まで公共施設と接点のなかった方にも、ぜひ来館していただきたいです。

↑こどもライブラリーの一角にある「おはなしのへや」では、定期的におはなし会を実施。

Data

㊟武蔵野市境南町2-3-18
☎0422-30-1905
㊡9:30～22:00
㊡水曜(祝日の場合は翌日休)、年末年始(12／29～1／4)、図書特別整理日

➡JR武蔵境駅前から見た景色。境南ふれあいひろば公園と一体化した、やわらかな外観は今や街のシンボルに。日本建築学会賞も受賞しています。

2Fの青少年フロアは、20歳未満が利用可能。音楽スタジオやダンススタジオ、さらには卓球台やボルダリング設備まであり、放課後になると勉強する子も遊ぶ子も集合。活気あふれる空間となっています。4Fには「ワーキングデスク」(有料)があり、勉強したいビジネスパーソンに人気。

もちろん、図書館機能も充実しており、B1Fの「メインライブラリー」やB2Fの「アート&ティーンズライブラリー」は静かに読書ができるように設計。2Fは「こどもライブラリー」と、生活関連書が並ぶ「テーマライブラリー」があり、家族で読書を楽しめる構成になっています。

このように幅広い層が利用しやすい設備やサービスは評判を呼び、当初の想定を倍以上回る、年間195万人が訪れる人気スポットに。ここを利用したくて近隣に引っ越してきた人もいるとか。街の活性化にも貢献する図書館として注目を集めています。

武蔵境～三鷹の

おさんぽコース

本とコーヒー

公園の緑を眺めながら読書できる、２Ｆの閲覧席。

A-1 武蔵野プレイス「マガジンラウンジ」

珍しい洋雑誌や専門誌も含め、雑誌約600誌の最新号と新聞約30紙が置いてあるコーナー。雑誌は館内のどこでも読むことができます。

館内をつなぐらせん階段には、気軽に巡回して新しい本や情報と出会ってほしい、という意図が込められているそう。

A-3「テーマライブラリー」

料理、健康、子育て、旅行など、生活関連の本が集まったコーナー。ここだけ本屋さんのような分類で本が並べられていて、本を探しやすい！

A-4 カフェ・フェルマータ

地元産の野菜を使った日替わりのベジタブルプレートや、パンケーキが人気メニュー。本好きや映画好きが集まる座談会など、イベントも開催。

A-2「メインライブラリー」

時事的なトピックや、季節に合わせたテーマなどに沿って選ばれた本が展示されているコーナー。司書さんによる工夫を凝らした飾りつけも見もの。

おもちゃや絵本が借りられるなど、子育て世代に配慮したサービスも。

今日は、本の世界にひたる1日。まずは「武蔵野プレイス」を楽しみつくします！

スタートは1Fの「マガジンラウンジ」。ずらりと並ぶ表紙を見ていると、ふだんは読まない雑誌にも興味がわいてきます。

次はB1Fの「メインライブラリー」に移動。テーマに合わせた展示コーナーが目を引きます。気になる本があったら、その場でゆっくり読めるのは、図書館ならでは。らせん階段を下ってB2Fへ降りると、そこは「アート&ティーンズライブラリー」。静かな空間で画集をめくっていると、ガラス越しに活気ある青少年フロアが見えて、つい眺めてしまいます。

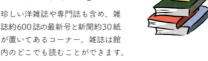

2Fに上がると、がらっと雰囲気が一変、ファミリーで本を楽しむ姿があちこちに。「テーマライブラリー」で料理本や旅行の本を見ていたら、あっという間に昼過ぎ。

ランチは1Fの「カフェ・フェルマータ」へ。図書館の本や雑誌を持ち込めるので、

Ⓓ古書上々堂

壁一面に並ぶ古書は小説から思想書、実用書まで、幅広い品揃え。絵本の仕入れに力を入れているそうで、海外の珍しい絵本が見つかることも。

Ⓔモリスケ

名物のシフォンケーキは、定番のプレーンのほか、アールグレイなど数種類。やさしい味わいが人気です。カレーなどのごはんメニューもあり。

モリスケで提供されるコーヒーは、併設の姉妹店「横森珈琲」で自家焙煎したもの。かわいいパッケージのコーヒー豆をおみやげにするのも◎。

Ⓑ水中書店

女性でも入りやすい、落ち着いた店構え。ゆったりと配置された本棚には、状態のよい本が整然と並び、本への愛情をしっかりと感じます。

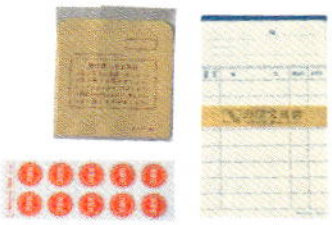

図書館グッズは、隠れた人気商品。昔の図書館の本に貼られていたブックポケットは、名刺や小物の整理に使えそう。

Ⓒ山田文具店

文具を愛する人のための、雑貨セレクトショップ。店内にぎっしり並ぶ、どこか懐かしい文具は、ついほしくなってしまうものばかり。

おいしいごはんや本格的なコーヒーをいただきながら、読書の続きができます。

武蔵野プレイスを満喫した後は、武蔵境のお隣、三鷹に寄り道。三鷹はブックスポットや喫茶店が点在する、魅力的な街です。

まず訪れたのは、北口方面にある「水中書店」。絵本やマンガ、芸術書まで多岐にわたるジャンルの良書が並び、お店の方の選択眼の確かさが伺えます。

「山田文具店」は、文房具好きはもちろん、図書館ファンにもおすすめ。おなじみの貸出カードや背表紙に貼られるラベルなど、レアな図書館グッズが手に入ります。

中央通り沿いで見つけた「古書上々堂」は、美術書や絵本が充実。箱やおもちゃのピアノなどを使ったディスプレイも素敵。

ちょっと疲れてきたら、近くの「モリスケ」に立ち寄りを。温かいコーヒーと、ふわふわのシフォンケーキでほっと一息。本、時々コーヒーの1日が終わります。

こんなところも♪

ついでに寄りたい おさんぽ Spot

書店

自分だけの特別な一冊と出会えるお店

Ⓗよもぎ BOOKS

ゆったりした店内には、絵本をはじめ、大人向けの本や雑貨、おもちゃ、お菓子まで！ セレクトが光る品揃えに、棚のすみずみまでじっくり眺めたくなります。おはなし会や原画展などのイベントも積極的に開催。

カフェ･喫茶店

ハンドドリップのコーヒーが絶品

ⒻNORIZ COFFEE

自家焙煎のスペシャルティコーヒーを提供するカフェ。ドリップコーヒーは豆の種類を自分で選ぶことができるので、いろいろ試してみるのも楽しい！ コーヒーと相性抜群の自家製焼き菓子も、ぜひ一緒に。

資料館

太宰ファン必訪！ 貴重な資料を公開

Ⓘ太宰治文学サロン

三鷹は、作家・太宰治が7年半を過ごした地。太宰作品にも登場する、伊勢元酒店の跡地に開設されたこのサロンでは、定期的に企画展示を開催。土・日曜・祝日には太宰ゆかりの場所をめぐるガイドツアーも。

ブックカフェ＆古書店

心ときめく本が、きっと見つかる

Ⓖ古本カフェ＆ギャラリー 点滴堂

階段を上がって2Fの扉を開くと、女の子の憧れが具現化したような空間が。おいしいコーヒーをいただきながら、書棚や机に並ぶ美しい本を楽しむことができます。店内の本や展示されている雑貨は、購入も可能。

Data

Ⓑ水中書店 (住)武蔵野市中町1-23-14-102 ☎0422-27-7783 (営)11：00〜21：00 (休)火曜

Ⓒ山田文具店 (住)三鷹市下連雀3-38-4 三鷹産業プラザ1F ☎0422-38-8689 (営)11：00〜19：00（土・日・祝日は〜20：00） (休)不定休

Ⓓ古書上々堂 (住)三鷹市下連雀4-17-5 ☎0422-46-2393 (営)11：00〜19：00 (休)年末年始

Ⓔモリスケ (住)三鷹市下連雀4-16-3 1F ☎0422-48-0078 (営)9：00〜20：00 (休)不定休

ⒻNORIZ COFFEE (住)武蔵野市境2-8-1 ☎非公開 (営)10：00〜19：00 (休)木・金曜

Ⓖ古本カフェ＆ギャラリー 点滴堂 (住)武蔵野市中町1-10-3 2F ☎非公開 (営)12：30〜21：00 (休)月・火曜

ⒽよもぎBOOKS (住)三鷹市下連雀4-15-33 三鷹プラーザ日生三鷹マンション2F ☎050-6870-6057 (営)月〜金曜11：00〜17：00 土・日・祝日12：00〜18：00 (休)不定休

Ⓘ太宰治文学サロン (住)三鷹市下連雀3-16-14 グランジャルダン三鷹1F ☎0422-26-9150 (開)10：00〜17：30 (休)月曜（祝日の場合は翌日と翌々日休）、年末年始（12／29〜1／4）

Ⓙまほろば珈琲店 (住)東京都三鷹市下連雀4-16-14 ☎0422-45-5140 (営)11：00〜20：00（喫茶12：00〜18：00） (休)日曜

Ⓚ国立天文台三鷹図書室 (住)三鷹市大沢2-21-1 ☎0422-34-3953 (開)9：00〜12：00、13：00〜17：00 (休)土・日・祝日、年末年始

コーヒー専門店

コーヒーの楽しみ方を教えてもらえる

Ⓙまほろば珈琲店

産地別に選定されたコーヒー豆を自家焙煎して販売。飲み比べもさせてもらえるので、自分の味の好みを探って、豆を購入することができます。コーヒーのいれ方や豆の保存方法などもアドバイスしてもらえます。

図書館・図書室

写真提供：国立天文台

天文の世界へ誘う、専門図書館

Ⓚ国立天文台三鷹図書室

国立天文台の敷地内にある図書館。蔵書の多くは研究者向けの専門書ですが、一般向けの入門書や写真集、映像資料なども。同天文台の敷地に開設された「三鷹市星と森と絵本の家」（p35）とあわせて訪れたい場所。

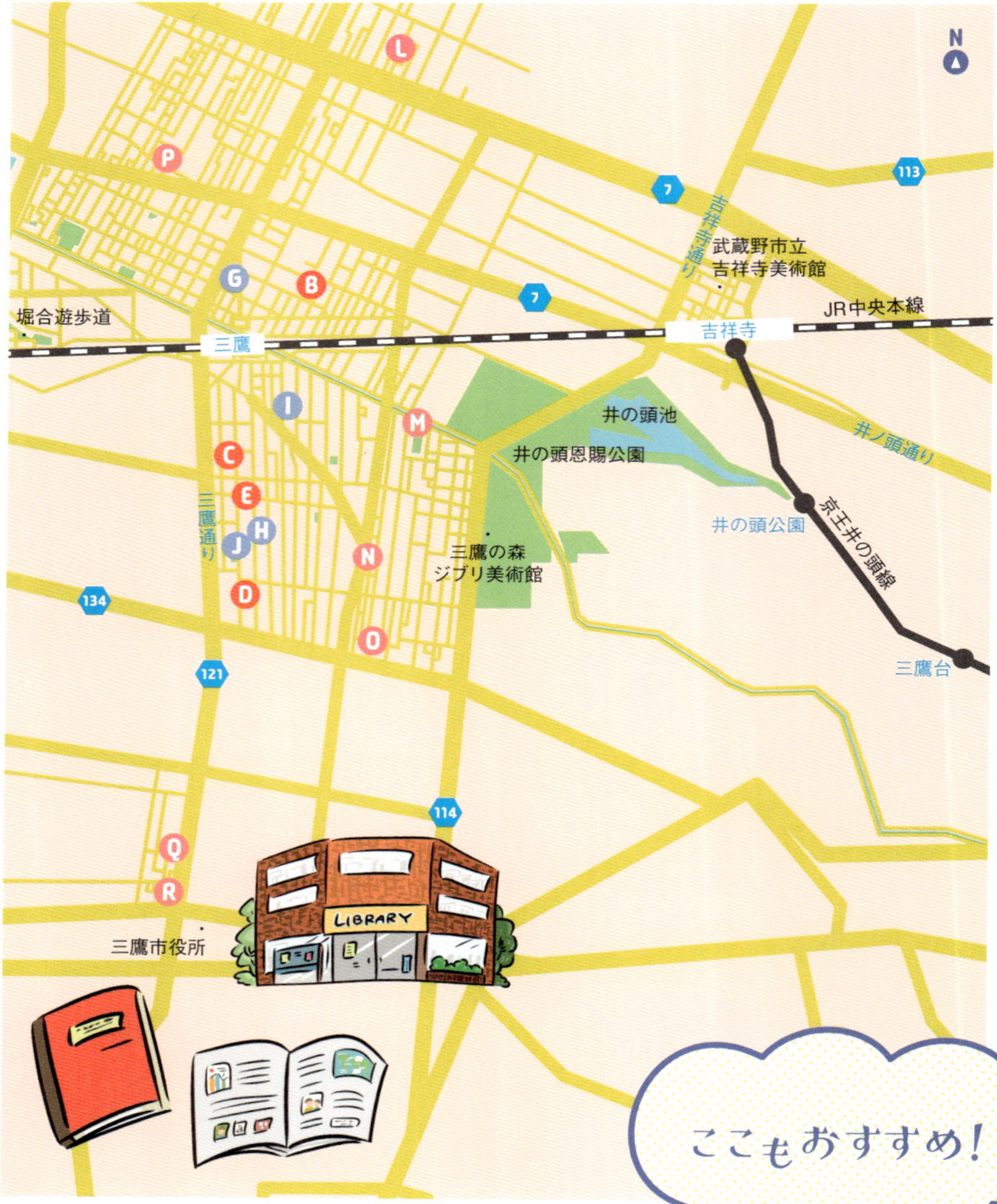

ここもおすすめ!

Ⓝ定食 あさひ

若い夫婦が営むおいしい定食屋。2Fの座敷には絵本がたくさん。ごはんを待つ間に楽しむことができます。

Ⓞ珈琲 松井商店

自家焙煎のコーヒー専門店。太宰治をイメージしたオリジナルコーヒー「Dazai COFFEE」が名物。

Ⓛ武蔵野市立中央図書館

蔵書数約63万5,000冊。都内でも有数の資料数を誇る、頼りになる図書館。CD、DVD等の視聴覚資料も充実。

Ⓜ山本有三記念館

作家・山本有三がかつて住んでいた邸宅。その生涯や作品が紹介されています。英国風の洋館建築も素敵。

R古本カフェ フォスフォレッセンス

太宰治ファンが開いた、古書店＆カフェ。太宰作品の初版本など、貴重なコレクションも見られます。

P無人古本屋 BOOK ROAD

無人&24時間オープンのユニークな古書店。ガチャガチャでカプセルを買ってお会計する仕組みも面白い。

S三鷹市星と森と絵本の家

大正時代の趣ある建物を保存活用した施設。約2,500冊の絵本が展示され、施設内で自由に読むことができます。

Q三鷹市立三鷹図書館

三鷹市立図書館の中心館。毎年恒例の「図書館フェスタ」は、古本市やおはなし会などの楽しいプログラム満載。

Musashino Place

武蔵野市立ひと・まち・情報創造館
武蔵野プレイス

Pearl

東京都立中央図書館

公立図書館として、蔵書数は国内最大級！
リサーチならおまかせの、知の宝庫

都会の真ん中とは思えない、閑静な日本庭園が広がる有栖川宮記念公園。豊かな緑の中に佇むのが、都立中央図書館です。

都立中央図書館は、1973年に、都立日比谷図書館の蔵書を引き継いで開館。国内の公立図書館では最大級の200万冊以上を所蔵しています。最新のビジネステーマを扱った本から、重要文化財（！）の江戸時代の資料まで、古今の書物が揃い、調べ物には最適の環境。わざわざ足を運ぶ利用者も数多くいます。

個人への館外貸出サービスは行っていませんが、1〜3Fの閲覧室では、約36万冊を自由に手に取って見ることができ、書庫にある図書は館内の蔵書検索パソコンから申し込んで閲覧できます。

閲覧席は、約900席。グループ利用可能な席や電源つき個室で調べ物に集中できる「調査研究ルーム」まであり、用途に合わせて選べます。様々な展示や、本格的な

⬆5Fの特別文庫室では、江戸時代後期を中心とした、古地図や錦絵などの貴重な資料が閲覧可能。事前の利用登録・申請をすれば重要文化財の資料も見られます。

⬆企画展示もあちこちに。1Fの中央ホールでは、東京2020大会に向け、オリンピック・パラリンピックの資料が、約300冊展示されていました。

➡利用者が入れない地階には、資料の修復を行う「資料保全室」があります。その技術を活かし、東日本大震災で被災した陸前高田市立図書館（p94）の資料の修理も行ったそう。

Library Comment

幅広い分野の資料が揃っているうえ、主な図書は開架されており、手に取って見ることができます。また、レファレンス（調べ物相談）にも力を入れているので、ぜひご相談ください。

Data

㊟港区南麻布5-7-13
03-3442-8451
㊖10:00〜21:00
（土・日・祝日、特別文庫室は〜17:30）
㊡HPのカレンダーを確認

コーヒーを味わえるカフェ、眺めのよい食堂もあり、1日いても飽きません。

この「知の宝庫」を使いこなすために力を借りたいのが、図書館司書。この図書館では、「レファレンスサービス」に力を入れており、本を調べて利用者の疑問に答えたり、調べ方を案内して自分で必要な情報にたどりつく手助けをしてくれたりします。

たとえば「刺繍について知りたい」と思っても、刺繍のやり方を知りたいのか、刺繍の歴史を知りたいのか、ゴールは様々。レファレンスでは、どの本なら知りたいことにアプローチできるかを示す形で、疑問を解決してくれるのです。

都立中央図書館では、メール（一部条件あり。P40参照）や電話、手紙でレファレンスの申し込みができるのも、うれしいポイント。ひとりではたどりつけない情報を得て、自分の世界を広げるために、強い味方となってくれる図書館なのです。

広尾～六本木の

おさんぽコース

アートに触れる

「都立中央図書館」のある広尾～六本木近辺は、美術館が点在するアートの街。都立中央図書館にも、画集やアート関連本が充実しており、美術館に行く前に寄って読めば、さらに深い見方ができます。レファレンスサービスを活用すると、さらに便利。たとえばこれから見に行く展示の画家の生涯が知りたい、などと事前に申し込んでおけば、時間が節約できますし、自力では探せない本を案内してもらえるかも。

　お腹がすいてきたら5Fの「有栖川食堂」へ。カレーなど定番メニューも充実していますが、ユニークなのは「世界各国の料理」。月替りで様々な国の料理が楽しめます。食堂の窓からは六本木界隈が一望でき、東京タワーも間近に見えます。

　腹ごしらえもすんだところで、六本木に移動して、アート鑑賞に繰り出します。「国立新美術館」は国内最大級の展示スペースを活かして多彩な展覧会を行っています。

美術本コーナーには、本だけでなく、その時期に開催されている展覧会のチラシも！

Ⓐ都立中央図書館

メールでのレファレンスは、東京在住または東京在勤・在学の人のみ可能ですが、都外の人でも電話か手紙で申し込むことができます。

Ⓑ有栖川食堂

この日の「世界各国の料理」はタイ料理で、タイ風さつま揚げがメイン。テーマとなる国の大使館に連絡をして、メニューの相談などをしたりしているそうで、本格的な味が楽しめます。

Ⓒ国立新美術館

展示だけでなく美術に関する情報・資料の収集や教育普及なども行う、新しいタイプの美術館。「世界の代表的な美術館」18館のひとつに選出。

画像提供:国立新美術館

Ⓓサロン・ド・テ ロンド

まるで宙に浮かんでいるような空間で、スイーツや軽食をいただけるティーサロン。期間限定で、開催中の展覧会にちなんだ特別メニューも。

黒川紀章氏が設計した建築も見もので、特に目を引くのは、巨大な逆円すいの最上部に広がるカフェ、「サロン・ド・テロンド」。斬新な建築を体感できるこのカフェで、今見た展示を思い返してみるのも、素敵です。

また、鑑賞後に立ち寄りたいのが、美術館3Fにある「アートライブラリー」。アート関連の図書はもちろん、展覧会カタログのコレクションは圧巻です。貸出は行っていないので、その場で閲覧します。

国立新美術館を出たら、東京ミッドタウンに寄り道してお買い物を。地下の老舗和菓子店「とらや 東京ミッドタウン店」はギャラリーも併設。ただ買うだけでなく、和の文化に親しむこともできます。

次に訪れたのは、森タワーの53Fにある「森美術館」。現代アートを中心にデザイン、建築など多様なテーマで見応えのある企画展示が行われています。展望台から見える東京の夕景や夜景も必見です！

画像提供：国立新美術館

Ⓔ国立新美術館 アートライブラリー

昭和21年以降に刊行された近現代美術の関連書や、展覧会カタログなどを所蔵。それ以前の資料は別館1Fの「アートライブラリー別館閲覧室」で見られます（一部資料は要予約）。

Ⓕとらや 東京ミッドタウン店

ギャラリーでは和の文化を伝える企画展示や伝統的な食の道具を紹介する「とらや市」を開催。展示テーマに合わせた和菓子を販売することも。

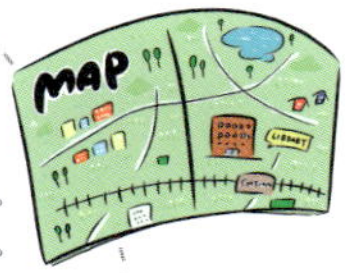

ミッドタウン店限定の、和菓子に合う国産の紅茶。かわいい和菓子と一緒にいただきます！

Ⓖ森美術館

話題性の高い企画展を次々と開催。火曜以外は22時閉館と、夜遅くまで開館しているので、夕方からでもゆっくりと鑑賞できるのもうれしい。

画像提供:森美術館

こんなところも♪

ついでに寄りたい おさんぽ Spot

図書館・図書室

勉強・仕事に最適な大人の自習空間

Ⓙ六本木ヒルズライブラリー

六本木ヒルズ49Fにある会員制ライブラリー。壁一面に配された書棚には、ビジネス書が充実。無線LANや電源も完備され、自習したいビジネスパーソンに最高の環境です。東京湾を一望できるカフェも併設。

美術館

©Koike Norio 2009

日本画の世界を五感で感じて

Ⓗ山種美術館

山種証券（現・SMBC日興証券）の創業者、山﨑種二氏のコレクションをもとに開館した日本画の専門美術館。独自の照明システムが導入され、自然な光環境のもと、臨場感をもって絵を体感することができます。

デザイン施設

撮影：吉村昌也

デザインの楽しさと驚きに満ちた体験を！

Ⓚ21_21 DESIGN SIGHT

デザインの視点から様々な発信、提案を行っていく場として、東京ミッドタウン内に開館。展覧会のほか、トークショーなど多彩なプログラムが開催されています。安藤忠雄氏設計の建築にも注目を。

飲食店

写真集を眺めながらほっこりごはん

Ⓘ写真集食堂 めぐたま

お店の壁は、一面本棚。写真評論家・飯沢耕太郎氏所蔵の写真集約5,000冊が並び、自由に見ることができます。季節の野菜をたっぷり使った、やさしい味わいのごはんも人気。ヨガ講座等のイベントも随時開催。

Data

Ⓑ有栖川食堂　(住)港区南麻布５－７－13　都立中央図書館5F　✆03-3441-8770　(営)11：00～17：00　(休)第１木・第３金曜（図書館の休館日に準ずる）

Ⓒ国立新美術館　(住)港区六本木７－22－２　✆03-5777-8600（ハローダイヤル）　(開)10：00～18：00（金・土曜は～20：00、ただし7～9月は～21：00）　(休)火曜（祝日の場合は翌日休）、年末年始

Ⓓサロン・ド・テ ロンド　(住)港区六本木７－22－２　国立新美術館２F　✆03-5770-8162　(営)11：00～18：00　(休)火曜（祝日の場合は翌日休）

Ⓔ国立新美術館 アートライブラリー　(住)港区六本木７－22－２　国立新美術館３F　✆03-5777-8600（ハローダイヤル）　(開)11：00～18：00　(休)火曜（祝日の場合は開室）、年末年始、左記以外の美術館休館日、特別整理期間

Ⓕとらや 東京ミッドタウン店　(住)港区赤坂９－７－４ D-B117　東京ミッドタウン ガレリア地下1F　✆03-5413-3541　(営)11：00～21：00　(休)元日

Ⓖ森美術館　(住)港区六本木６－10－１　六本木ヒルズ森タワー53F　✆03-5777-8600　(開)10：00～22：00（火曜は～17：00）　(休)会期中無休

Ⓗ山種美術館　(住)渋谷区広尾3-12-36　✆03-5777-8600（ハローダイヤル）　(開)10：00～17：00（入館は閉館の30分前まで）　(休)月曜（祝日の場合は翌日休）、展示替え期間、年末年始

Ⓘ写真集食堂 めぐたま　(住)渋谷区東３－２－7－1F　✆03-6805-1838　(営)火～金曜11：30～23：00　土・日・祝日12：00～22：00　(休)月曜（祝日の場合は翌日休）

Ⓙ六本木ヒルズライブラリー　(住)港区六本木6-10-1　六本木ヒルズ森タワー49F　✆03-6406-6650（平日10：00～18：30）　(開)7：00～24：00（平日のみビジター利用可能、3000円〈税別〉）　(休)無休

Ⓚ21_21 DESIGN SIGHT　(住)港区赤坂９－7－6　✆03-3475-2121　(開)10：00～19：00　(休)火曜、展示替え期間、年末年始

Ⓛサントリー美術館　(住)港区赤坂９－7－4　東京ミッドタウン ガレリア３F　✆03-3479-8600　(開)10：00～18：00（金・土曜は～20：00）　(休)火曜、展示替え期間、年末年始

ⓂBookshop TOTO　(住)港区南青山1-24-3　TOTO乃木坂ビル２F　✆03-3402-1525　(営) 11：00～18：00　(休)月・祝日、夏期休暇、年末年始、TOTOギャラリー・間休館中の土・日曜

美術館

©木奥恵三

暮らしの「美」に触れられる場

Ⓛサントリー美術館

「生活の中の美」を基本テーマに、絵画や陶磁、漆工、染織など、国宝や重要文化財を含む約3,000件を収蔵。時代の枠組みや文化の境界に縛られない、ユニークな企画展が行われており、知的好奇心が刺激されます。

書店・図書室

©Masumi Kawamura

建築・デザイン好きにはたまらない！

ⓂBookshop TOTO

TOTO出版が直営する、建築・デザインを中心とした書籍・雑誌のセレクトショップ。ライブラリーコーナーもあり、国内外36タイトルの建築・インテリア雑誌のバックナンバーを、自由に閲覧できます。

P TSUTAYA TOKYO ROPPONGI

六本木ヒルズ近くの店内には、センスのよい本や雑誌が並び、併設のスターバックスでゆっくり読めます。

Q Rainy Day Bookstore & Cafe

「スイッチ・パブリッシング」直営のブックカフェ。厳選された雑誌や本を眺めながら絶品スイーツを。

N 双子のライオン堂書店

作家や書評家が選書した本を販売するなど、ユニークな取り組みが話題に。読書会などのイベントも開催。

O まちの本とサンドイッチ

「まちの保育園 六本木 分園」の軒先にあるサンドイッチ店。「生活・こども」をテーマにした本も買えます。

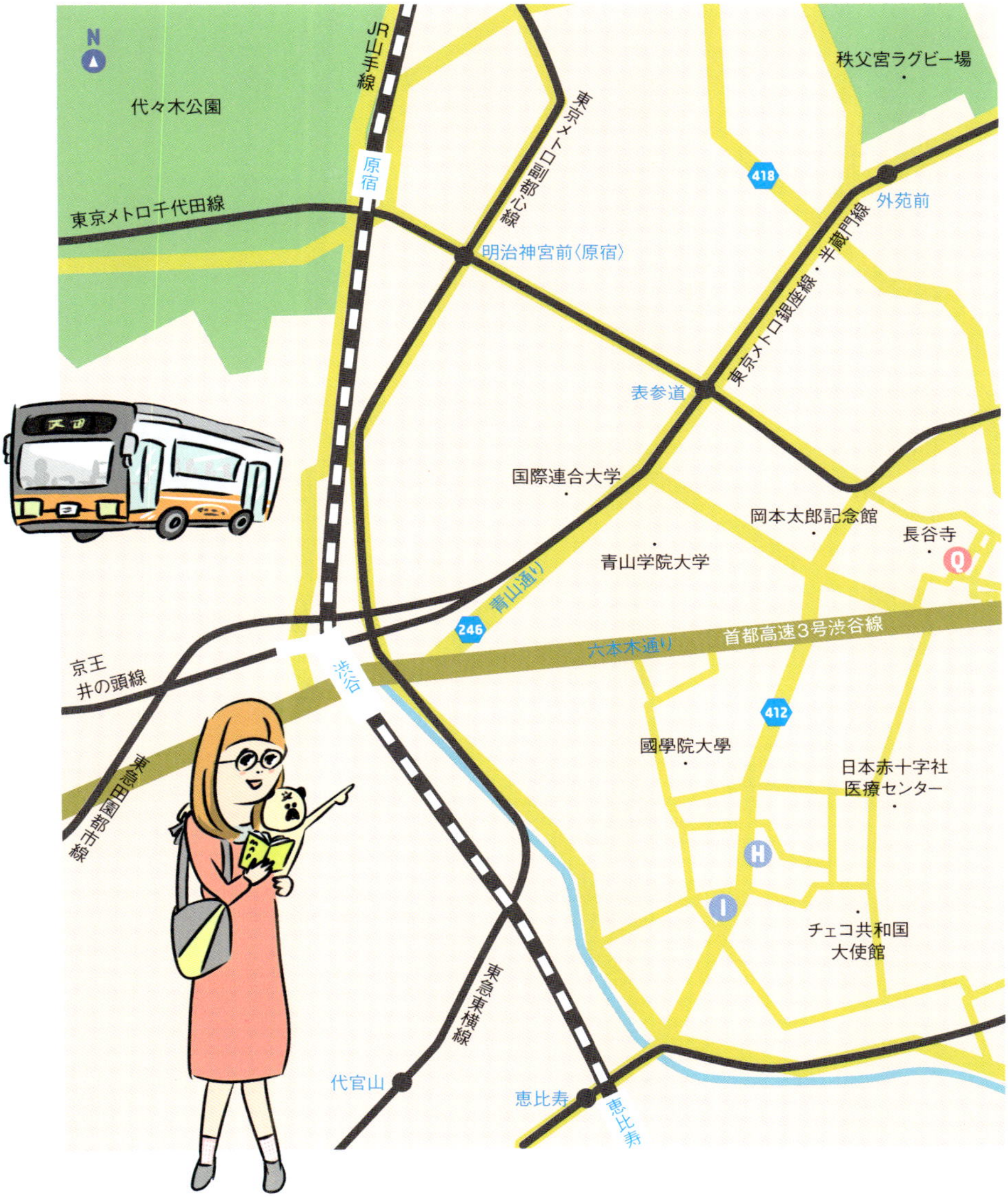

T BOULANGERIE BURDIGALA 広尾店

バゲットなどハード系パンが充実のベーカリー。サンドイッチを買って有栖川宮記念公園で食べるのも◎。

U 文教堂 広尾店

広尾駅近く「広尾ガーデン」2Fにある書店。雑誌や書籍以外にも、文房具やCD、DVDなども置いてあります。

R Nem Coffee&Espresso

有栖川宮記念公園の横の路地にあるカフェ。木の温もりのある店内で、おいしいコーヒーをいただけます。

S ナショナル麻布

他では見ない輸入食材が並ぶスーパー。海外旅行気分でお買い物ができます。2Fには海外の文房具や雑誌も。

平泉
HIRAIZUMI
国宝 大神社展
Shinto Shrines
もののあはれと日本の美
白川昌生 ダダ、ダダ、ダ
栄西と建仁寺
近江巡礼
東本願寺の至宝展
日本国宝展
高野山の名宝
宗像大社国宝展
熊野 聖地への旅
醍醐寺のすべて
日本の20世紀芸術
名品図録
戦後日本美術総集 III
聖護院門跡の名宝
戦時下日本美術年表
OUT OF DOUBT
光悦
山梨の名宝
當麻寺
前田家 革新の視座
百万石の名宝
神仏います近江
すごいぞ、これは!
ROPPONGI CROSSING 2016 MY BODY, YOUR
美の国 日本
東京富士美術館 日本美術名品選集
大永平寺展
禅
春日大社 千年の至宝
江戸の美術 大図鑑

TOKYO 2020

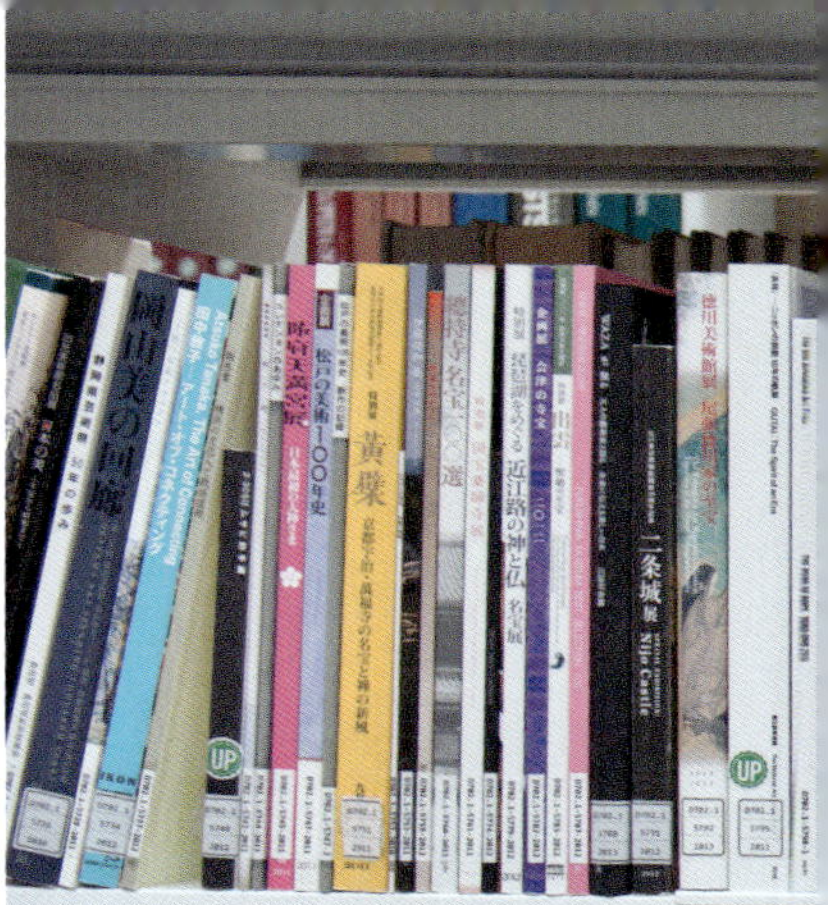

Tokyo Metropolitan Central Library

東京都立中央図書館

鎌倉市中央図書館

利用者にやさしい工夫がいっぱい
本を身近に感じる図書館

多くの作家や文化人から愛されてきた古都・鎌倉。駅から15分ほど歩いた閑静な住宅街に、鎌倉市中央図書館はあります。

1Fの入口を入ってすぐ目につくのが、図書カウンターの上から下がる「?」のマーク。これは本の相談を受け付けるレファレンスコーナーの目印で、気軽に相談しやすい空気を醸し出しています。

その奥に見える「Picture Books」「English Books」は、英語の本・絵本の棚を示す表示。これは、外国人利用者が誰かに質問しなくても、すぐに英語の本を見つけられるように、という意図だそう。外国人が多い鎌倉ならではの配慮です。

こうしたやさしい心配りはあちこちに。児童書コーナーにある「からだといのちの図書」という棚は「あかちゃんが生まれる」「大切な人とのわかれ」など、細かいカテゴリー分けがされており、弟や妹が生まれると知って、戸惑う子どもに読ませる本を

↑おはなしコーナーの壁に描かれた絵は、鎌倉在住のイラストレーター、かおかおパンダさんと鎌倉市の小学生が、鎌倉図書館100周年の記念に共同で描いたもの。

↑児童書コーナーの奥の部屋は0〜3歳向けの絵本が置いてある「おはなしコーナー」。じゅうたん敷きなので、赤ちゃんがハイハイしても大丈夫。

↑自分で本を読めるようになったくらいの子ども向けのコーナー。読みやすいレベルの本を紹介することで、子どもが無理なく読書を楽しめます。

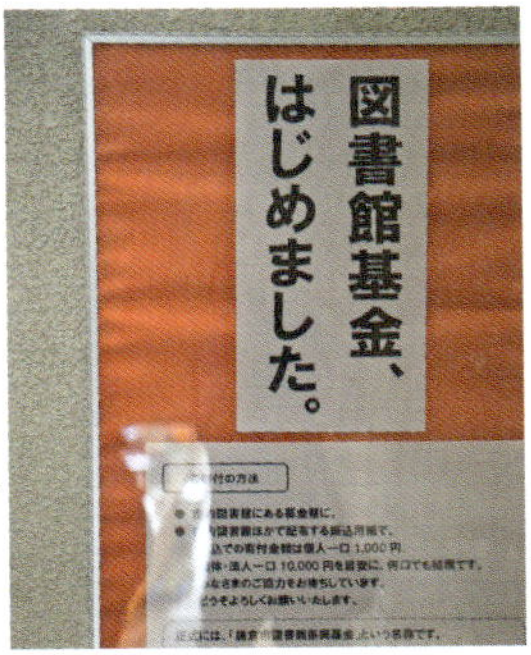

→鎌倉に関する貴重な資料を収集したり、保管・保存したりするのも、鎌倉市中央図書館の大切な役割。「鎌倉市図書館振興基金」を設立し、寄付金を募っています。

Library Comment

市民に一番身近な図書館として、敷居が低く利用しやすい場を目指しています。また、鎌倉の資料収集や、鎌倉ゆかりの方とのコラボイベント開催など、地域との連携にも力を入れています。

Data

㊟鎌倉市御成町20-35
☎0467-25-2611
㊒9:00〜17:00(木・金曜は〜19:00)
㊡毎月最終月曜(12月は28日)、年末年始(12/29〜1/3)、特別整理休館

探しにくる親御さんの姿などが浮かびます。こうした、利用者の悩みに寄り添うような工夫からは、利用者と本をつなぎたい、という図書館の姿勢を強く感じます。

2015年の夏、この図書館から発信された「学校が始まるのが死ぬほどつらい子は、学校を休んで図書館へいらっしゃい」というツイートが大きな反響を呼びました。でもそれも、図書館を身近に感じて自由に使ってもらいたい、という提案の一環だったそう。この反響を受けてつくられたという10代向けのヤングアダルト本コーナーには、悩み相談を受け付ける教育センター相談室への案内がそっと置かれていました。

図書館はいつ来ても、ひとりで来てもいい自由な場所。だからこそ気軽に行けるし、図書館で本や情報に触れることが、何かのきっかけになるかもしれません。利用者をさりげなく見守る温かい空気が、この図書館には流れています。

鎌倉の

おさんぽコース

鎌倉本めぐり

Ⓒ鎌倉文学館

国の登録有形文化財である建物のほか、広大なバラ園も人気。春のバラは5月中旬～6月中旬、秋のバラは10月中旬～11月中旬が見頃です。

本だけでなく、古い住宅地図や町内会の資料まで、鎌倉のありとあらゆる資料が揃っています。調べたいテーマが決まっているなら、レファレンスサービスを利用しても。

Ⓐ鎌倉市中央図書館

郷土資料コーナーでこれから行く場所の歴史を調べても。昔の鎌倉の姿がわかる絵はがき集や写真集などもあり、タイムトラベルを楽しめます。

Ⓓ高徳院(与謝野晶子歌碑)

歌碑に刻まれた歌は「かまくらや御ほとけなれど釈迦牟尼は　美男におはす夏木立かな」。大仏の顔の美しさへの感動が伝わってきます。

Ⓑつるや

創業は昭和4年。作家の立原正秋や評論家の小林秀雄なども訪れた名店。うなぎを焼き上げるまでに時間がかかるので、事前に予約して準備しておいてもらうのがおすすめ。

直営売店にはお守りのほか、キーホルダーなど大仏グッズも充実。

見目麗しい大仏様。与謝野晶子が「美男」と呼んだ気持ちもわかるかも!?

今回のお散歩テーマは、「鎌倉本めぐり」。多くの作家が住み、しばしば作品の舞台にもなる鎌倉。あちこちに作家ゆかりの場所や、作品に登場するスポットがあります。

「鎌倉市中央図書館」は、じつは観光にも便利。2Fの「郷土資料」コーナーはガイドブックや歴史書、鎌倉の資料が充実しており、散歩コースのリサーチに役立ちます。

次に訪れたのは「つるや」。川端康成など、数々の鎌倉文化人が通っていたという、老舗のうなぎ店です。炭火で香ばしく焼いたうなぎは、ふっくらやわらかな仕上がり。

食後はぶらぶら「鎌倉文学館」へ。鎌倉ゆかりの文学者の展示を行う博物館で、川端康成の直筆原稿などが見られます。旧前田侯爵家の別邸だった洋館も見応えあり。

お次は有名な鎌倉大仏が鎮座する「高徳院」。大仏を見た与謝野晶子が詠んだ短歌が、大仏殿裏手の歌碑に残されています。

休憩に寄ったのは、長谷駅近く、ワゴン

左の梅ぼしと並び、向田邦子の好物だったのが右の「玉黄金らっきょう」。レモンが香る上品な味。

Ⓖ三留商店

店内には国内外の食材や調味料が勢揃い。オリジナル商品の薬膳ソースやピクルスビネガーは、地元以外から買いに来るファンもいる人気商品。

鎌倉に来たら、
やっぱり海!

Ⓔidobata

マスターは元書店員。そのときの縁で「しまぶっく」鎌倉出張所を併設することになったのだそう。日本の小説や和の文化をテーマにした本が多く、鎌倉の雰囲気にマッチしています。

Ⓗbooks moblo(ブックスモブロ)

自然や旅、写真など様々なジャンルの古書やZINEがずらり。また、店主の荘田さんは、街と本をつなげ、本と人、人と人の出会う場となってほしいとの願いから、毎年「ブックカーニバル in カマクラ」というイベントも開催。本の街・鎌倉を盛り上げています。

店内には活版印刷で刷られた九ポ堂のポストカードなど、味わいのある雑貨も。

Ⓕ力餅家

江戸時代から300年以上続く老舗和菓子店。福面まん頭は、近くの御霊神社で毎年9月18日に行われるお祭り「面掛行列」のお面を模したもの。

左から烏天狗、福禄寿、おかめ。全部で11種類。コンプリートしたくなる!

車を改装したコーヒー屋台の「idobata」。味わいの異なる様々なコーヒー豆が用意されており、ハンドドリップでいれてもらえます。ユニークなのは、屋台のまわりに並ぶ古書。清澄白河の古書店「しまぶっく」がセレクトした本が置いてあり、コーヒーを待つ間、つい手に取ってしまいます。

長谷駅付近は、お買い物スポットも充実。和菓子店「力餅家」で、鎌倉が舞台のマンガ『海街diary』に登場する福面まん頭を、老舗食材店「三留商店」で、向田邦子の好物だったという梅ぼしを購入。近くの由比ヶ浜を眺めたら、鎌倉駅に戻ります。

鎌倉の各所に残る本の記憶や、場がつなぐ本との縁を楽しんだ1日。最後に立ち寄ったのは、鎌倉の新ブックスポット「books moblo」。古書が並ぶ棚には、「女子って大変!」「男の背中、男の哀しみ」など、ユニークなカテゴリが貼られ、未知の本との出会いをそっと誘導してくれます。

こんなところも♪

ついでに寄りたい おさんぽ Spot

書店

仕掛け絵本の奥深さを味わって

Ⓚメッゲンドルファー

仕掛け絵本が700種類以上も揃う専門店。美しい花の水彩画が飛び出す本やクラシック・ディズニーの映画作品がポップアップで楽しめる本など、子ども向けのものだけでなく、大人向けの作品も。贈り物にも最適。

書店

コンパクトな店内に驚くほどの品揃え

Ⓘたらば書房

鎌倉駅西口すぐ。芸術系の雑誌が陳列された棚に『仏像の本』が置かれているなど、雑誌と書籍の垣根を超え、テーマに沿った棚づくりを行っているユニークな書店。映画や音楽などの芸術書も充実しています。

カフェ・喫茶店

レトロな空間で正統派ホットケーキを

Ⓛイワタコーヒー店

川端康成など鎌倉文士が集ったことで知られる老舗喫茶店。名物は1枚の厚さが約3㎝もあるホットケーキ。銅板で20分以上じっくり焼いており、表面はかりっと香ばしく、中はもっちりとした食感が味わえます。

図書室

「鎌倉好き」がつながる場

Ⓙかまくら駅前蔵書室

鎌倉の本がたくさん集まった、会員制の小さな図書室。ワークショップなどのイベントも開催しています。モットーは「私語解禁」。会員同士の交流が盛んで、そこから新しいプロジェクトが生まれることも。

Data

Ⓑつるや　(住)鎌倉市由比ガ浜3-3-27　☎0467-22-0727　(営)11：30〜19：00　(休)火曜（祝日の場合は営業）

Ⓒ鎌倉文学館　(住)鎌倉市長谷1－5－3　☎0467-23-3911　(開)3〜9月9：00〜17：00（10〜2月は〜16：30）　(休)月曜（祝日の場合は開館／5・6月、10・11月は月1回の休館日を除き開館）、年末年始（12／29〜1／3）、展示替え期間、特別整理期間など

Ⓓ高徳院　(住)鎌倉市長谷4－2－28　☎0467-22-0703　(開)4〜9月8：00〜17：30（10〜3月は〜17：00）入場は閉門15分前まで　(休)なし

Ⓔidobata　(住)鎌倉市長谷2-14-13　☎非公開　(営)9：00〜17：00　(休)不定休

Ⓕ力餅家　(住)鎌倉市坂ノ下18-18　☎0467-22-0513　(営)9：00〜18：00　(休)水・第3火曜

Ⓖ三留商店　(住)鎌倉市坂の下15-21　☎0467-22-0045　(営)9：00〜19：00　(休)火・第3水曜

Ⓗbooks moblo　(住)鎌倉市大町1-1-12　WALK大町Ⅱ 2F-D　☎0467-67-8444　(営)10：00〜18：00　(休)月曜（祝日の場合は営業）

Ⓘたらば書房　(住)鎌倉市御成町11-40　☎0467-22-2492　(営)平日・土曜9：30〜21：00　日・祝日10：00〜19：00　(休)無休

Ⓙかまくら駅前蔵書室　(住)鎌倉市小町1－4－24　起業プラザビル3F　☎050-3550-9493　(開)12：00〜20：00　(休)火・水曜

Ⓚメッゲンドルファー　(住)鎌倉市由比ガ浜2－9－61　☎0467-22-0675　(営)10：00〜18：00　(休)水曜

Ⓛイワタコーヒー店　(住)鎌倉市小町1－5－7　☎0467-22-2689　(営)10：00〜18：00　(休)火・第2水曜

Ⓜテールベルト＆カノムパン　(住)鎌倉市扇ヶ谷3－3－24　☎0467-67-1339　(営)12：00〜18：30　(休)水・木曜

Ⓝスターバックス コーヒー 鎌倉御成町店　(住)鎌倉市御成町15-11　☎0467-61-2161　(営)8：00〜21：00　(休)不定休

ブックカフェ＆パン屋

まるで本好きの友人の家にいるみたい

Ⓜテールベルト＆カノムパン

葉山から移転した人気パン屋さんと、おいしいコーヒーが飲めるブックカフェが合体した一軒家カフェ。マンガから画集まで様々な本が置かれ、くつろぎながら読書できます。パンやカフェメニューも絶品！

カフェ・喫茶店

庭を眺められるテラス席がおすすめ

Ⓝスターバックス コーヒー 鎌倉御成町店

漫画家・横山隆一の邸宅跡地に建てられたスターバックス。横山氏が愛した藤棚やプールなどがそのまま残されており、心地よい空間でコーヒータイムを楽しめます。横山氏の代表作『フクちゃん』の原画展示も。

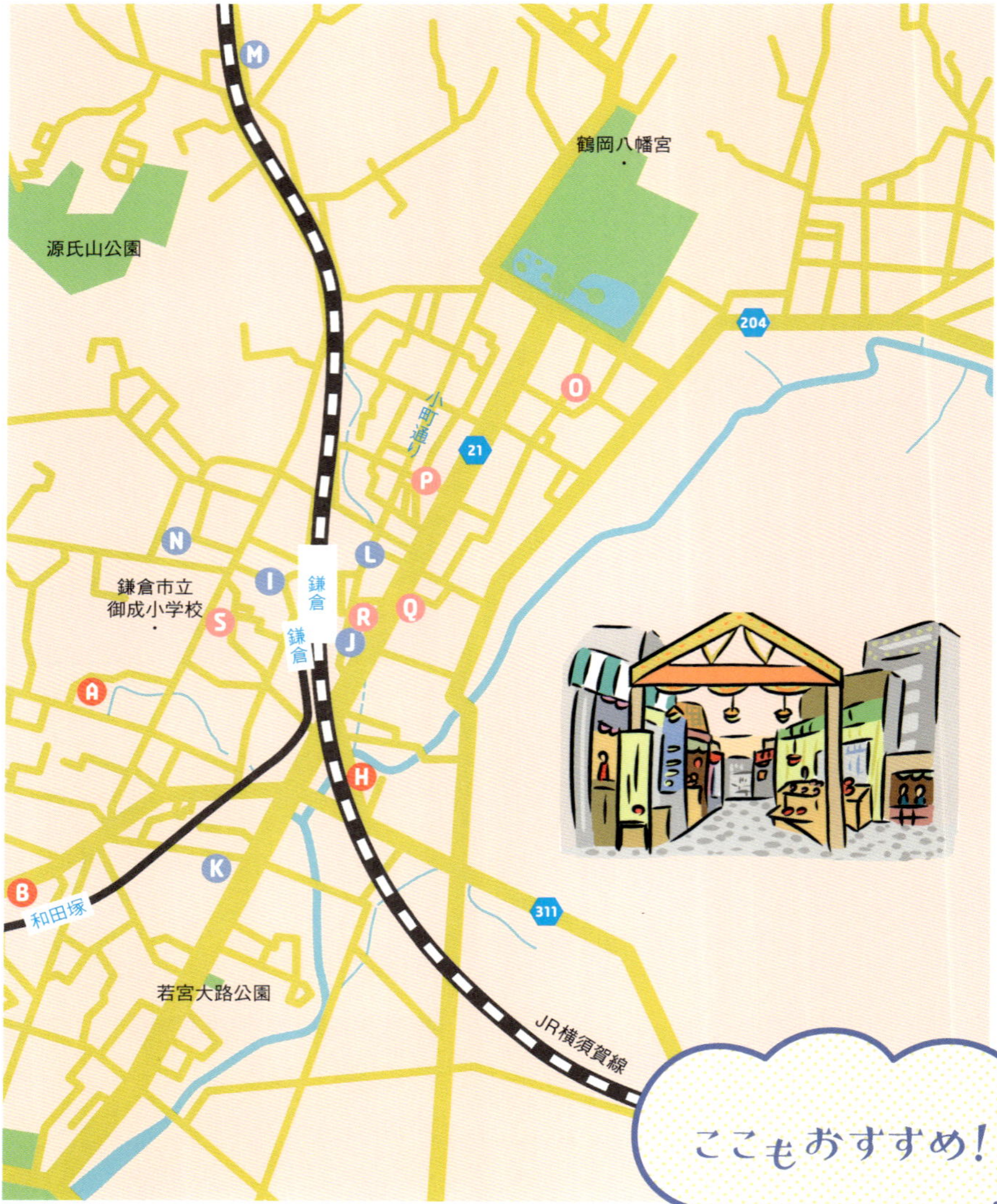

ここもおすすめ!

Q 島森書店 本店

明治43年創業。長年鎌倉で愛されてきた老舗書店。鎌倉の本が充実しているほか、絵はがきなどもあり。

R 松林堂書店

鎌倉本の品揃えに定評のある本屋さん。かつては出版社として鎌倉観光案内書を発行してきた歴史も。

O 大佛茶廊

作家・大佛次郎の邸宅だった建物を修復し、再利用したカフェ。美しい庭園を眺めながらお茶を楽しめます。

P ヒグラシ文庫

小町通り近くの路地裏にある立ち飲み屋。壁の棚には古本が並んでおり、気に入ったら購入することも可能。

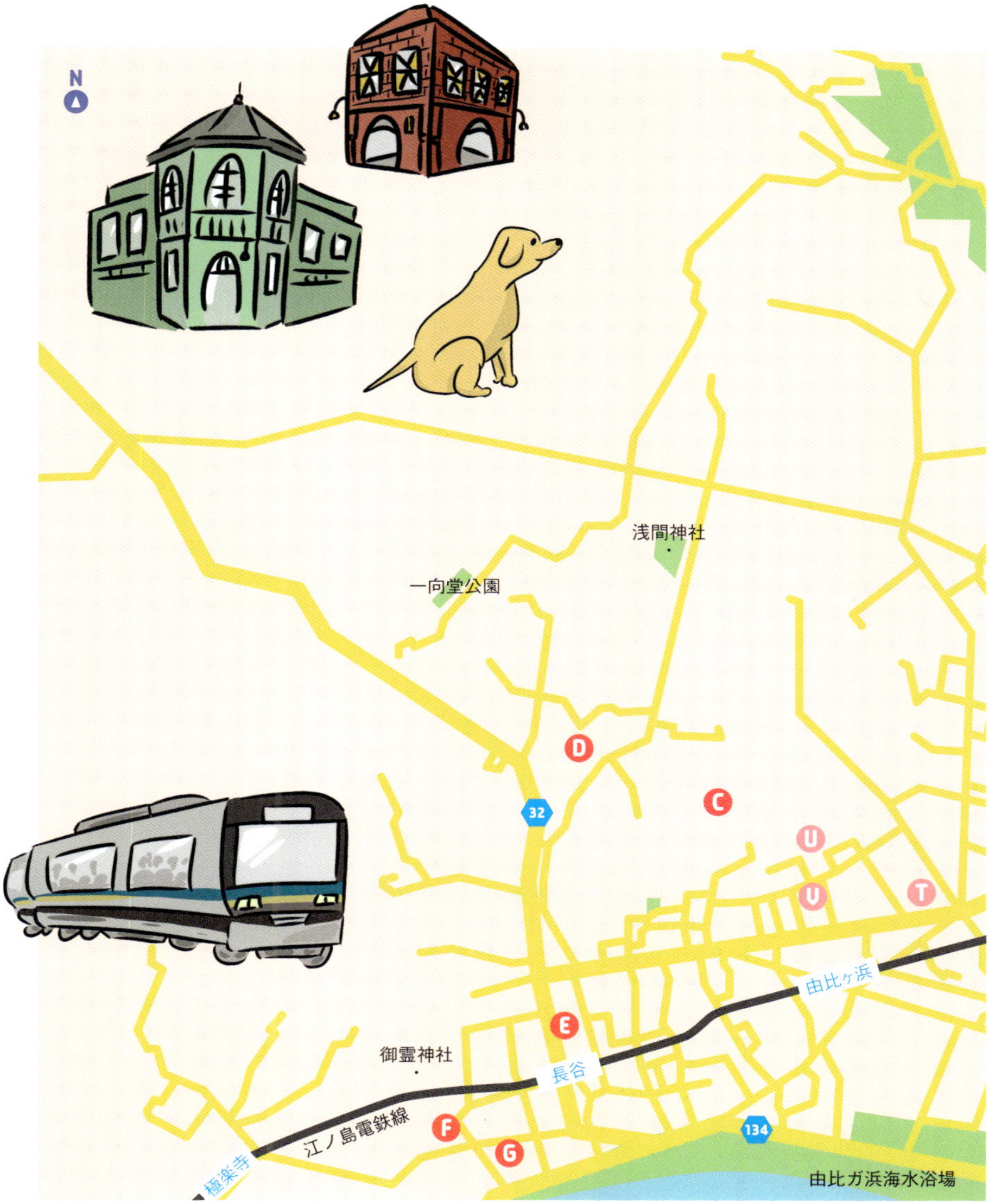

U 吉屋信子記念館

少女小説家・吉屋信子の邸宅。現在は鎌倉市民の学習施設として利用されています。春と秋に一般公開あり。

V コケーシカ鎌倉

写真家詩人の沼田元氣氏プロデュースの、伝統こけしとマトリョーシカ専門店。雑誌「こけし時代」も販売。

S Trip・Drip

海外から鎌倉まで、様々な旅の本を集めたブックカフェ。ドリップコーヒーを飲みながら旅に思いを馳せて。

T SONGBOOKCafé

絵本作家の中川ひろたか氏がオーナーを務める絵本とうたのカフェ。店内にある絵本を眺めながらお茶を。

25001~
24701~
25301~
26001~
25501~

文庫

鎌倉市中央図書館
鎌倉ものがたり

ガラスの仮面
ガラスの仮面

Kamakura City Library

鎌倉市中央図書館

紫波町図書館

場を活気づけ、人をつなぐ
理想の街づくりを支える図書館

盛岡から電車で約20分、紫波中央駅で降りてすぐに見えるのが「オガール」です。芝生の広場の両脇には産直マルシェやカフェ、紫波町新庁舎などが並び、小さな街のよう。公共・民営の垣根を超えたこの複合施設の中核的存在が、紫波町図書館です。

かつてここは、予算不足で開発が進まず、放置されていた土地でした。この状況を解決するべく導入されたのが、国からの補助金に頼らない公民連携の手法。理想の街づくりと採算性の両方を重視する計画の中で着目されたのが、図書館でした。もともと住民から要望の声が多かった図書館ができることで人が集まり、周囲のテナントにも人が流れることが期待されたのです。

こうして誕生した紫波町図書館は次の方針を掲げています。①子どもたちと、本をつなぐ。②紫波町に関する地域資料を、収集・保存する。③紫波町の産業を支援する。

実際、訪れてみるとこの方針が図書館の

↑図書館の隣の「紫波マルシェ」で売っている卵についてのクイズ。答えが気になって本を読みたくなるうえ、卵も買ってみたくなる、一石二鳥のうまい仕掛け。

↑目を引くパネルや、椅子なども使った動きのある本の置き方…etc. 随所に工夫が凝らされた企画展示。自然に本を手に取ってしまいます。

Library Comment

積極的に地域に出てヒアリングし、企画展示や選書に反映させています。また、トークイベントの開催などを通じて人をつなげ、新しい何かが生まれる場にしたいと考えています。

↑設計段階で東日本大震災が起こったこともあり、耐震性の本棚を導入。壁面の本棚は、強い地震が発生すると棚が傾斜し、本が落ちない仕組み。

➡利用者と本をつなぐために欠かせないのが司書の存在。親しみやすさと信頼感を兼ね備えたユニフォームは、司書のあり方を考え、オリジナルでつくったもの。

Data

(住)岩手県紫波郡
紫波町紫波中央駅前2-3-3
オガールプラザ中央棟1F
☎019-671-3746
(開)10：00～19：00（土･日･祝日は～18：00）
(休)月曜（祝日の場合は翌日休）、
館内整理日（月末最後の平日）、
特別整理期間、年末年始（12／29～1／3）

設計や棚づくりに徹底されていることを感じます。入ってすぐにあるのは児童コーナー。奥の静かなスペースから離れており、子ども連れでも気兼ねなく利用できます。紫波町の歴史や紫波町出身の作家本コーナーが設けられているほか、公民連携を解説した本など、街づくりの資料が充実しているのも特徴的。また、農業が盛んな地域のため農業関連本が多く揃えられています。

さらに図書館を飛び出し、様々な試みも行われています。図書館から遠い地域へ出張し、野菜づくりのコツを教えるDVDを上映したり、マルシェにレシピ本を案内するPOPを提供したり。閉館後にはトークイベント「夜のとしょかん」を開催。平日なかなか図書館に来られない大人が、図書館を訪れるきっかけとなっています。

街に必要なものや未来を見据え、人と本をつなぐ。紫波町図書館の取り組みからは、図書館の新しい可能性が見えてきます。

岩手県紫波町〜盛岡の

旅のコース

図書館を楽しむ旅

1st DAY

Ⓑ紫波マルシェ

地元のお客さんで大賑わい。朝採れ野菜は人気なのでお早めに。2Fには飲食スペースもあるので、お弁当やスイーツを買って休憩しても。

野菜の近くには、紫波図書館が提供しているレシピ本の紹介POPが。興味がわいたら図書館で実際に読めるのがうれしい。

Ⓐ紫波町図書館

「紫波の酒蔵、蔵人」コーナー。本だけでなく雑誌記事なども飾られ、賑やか。紫波の酒づくりを紹介したい！　という熱意を感じます。

２Fにある「読書テラス」では、窓からオガールの風景を眺めながら読書ができます。飲食もOK！

ⒸThe BAKER

岩手産の小麦粉「ゆきちから」と自社製天然酵母を使ったパンは、もっちりとした食感。バゲットやクロワッサン、カレーパンなどが人気。

パン・オ・ショコラ（左）とクレームブリオッシュ（右）、どちらも絶品！　店内のイートイン席でもいただけます。

写真:紫波町提供

「オガール」にはここで紹介した以外にも、クリニックや体育館など多様な施設やお店が。敷地の一角ではエコ住宅の分譲も行われています。

「図書館を楽しむ旅」初日は、「**紫波町図書館**」のある「オガール」へ。緑の芝生にシックで統一感のあるデザインの建物が並び、気持ちのよい空間が広がっています。

いざ紫波町図書館へ！　郷土本の棚を見ると、「紫波の酒蔵、蔵人」を紹介する楽しい展示が。農業の本の棚には産直めぐりMAPもあり、農業や酒づくりが盛んな土地であることが、自然に理解できます。

紫波町の農産物が気になってきたところで、図書館のお隣の「**紫波マルシェ**」に。新鮮な野菜のほか、紫波町でつくったお酒やワインなどの名産品も揃っています。さらにおいしそうなお惣菜やお弁当も！

小腹がすいてきたのでオガール内にある「**The BAKER**」へ。人気ベーカリー「メゾンカイザー」の指導を受けたそうで、バゲットなど本格的なハードパンが並びます。

オガールには宿泊施設「**オガールイン**」もあり、なんと宿泊者は紫波町図書館の本

2nd DAY

新鮮な食材でつくられたオガールインの朝食は、どれもやさしい味。和食メニューのほか、洋食メニュー、カレー、デザートまで揃っています。

Ⓓオガールイン

シンプルでおしゃれなデザインのホテル。全56室ある客室は、壁紙の色や柄がすべて違うそう。大浴場があるので、ゆったりできます。

宿泊客は登録不要で紫波町図書館の貸出サービスを受けられます。借りた本はフロントで返却できるのも便利！

Ⓕ岩手県立図書館

郷土本はもちろん、岩手で発行された郷土雑誌も多く揃っており、旅の情報収集にもぴったり。震災関連資料コーナーもとても充実しています。

Ⓖ光原社 本店

民藝店としての歴史も長く、漆器や焼き物など全国の逸品が並ぶ店内は見応えあり。敷地内の喫茶店「可否館」も民藝の魅力を感じられる場所。

光原社 本店の向かいにある分館「モーリオ」で、名物のくるみクッキーをお買い上げ。

Ⓔ炭焼炉端 二代目 真魚板

産地直送の新鮮な海の幸・野菜を味わえる居酒屋。紫波産の野菜や豚肉など、地元食材を使ったメニューや、地酒、地ワインも楽しめます。

を借りられるという画期的サービスが！

紫波町図書館に戻って、夜の読書用の本を借りたら、オガール内にある「**炭焼炉端 二代目 真魚板**」で、晩ごはん。念願の（笑）紫波のお酒も堪能できました。

翌朝は、オガールイン自慢の朝食からスタート。紫波マルシェ直営の朝食バイキングは紫波産の食材がふんだんに使われていて、朝から大満足！

チェックアウトしたら、盛岡へ移動。駅近にある「**岩手県立図書館**」に寄ってみます。木の温もりのある館内は落ち着く雰囲気。岩手出身の宮沢賢治や石川啄木の関連本が充実しています。盛岡散歩は、この2人の作家の足跡をたどることに決定。

そこで向かったのは「**光原社 本店**」。現在は民藝店ですが、かつて宮沢賢治の代表作『注文の多い料理店』を出版した歴史があり、敷地内の「マヂエル館」では賢治の直筆原稿などが展示されています。

Ⓗ啄木新婚の家

石川啄木が明治38年から3週間ほど新婚生活を送った家で、啄木の随筆「我が四畳半」には、その頃の暮らしの様子が書かれています。

Ⓚござ九・森九商店

ざるやかごなど、温もりのある生活雑貨がいっぱい。江戸後期から明治にかけての商家の面影を伝える建物は、盛岡市保存建造物に指定。

ざるや木のスプーンを、自分へのおみやげに。

Ⓛ白龍《パイロン》 本店

じゃじゃ麺は、白龍の初代店主が満州で食べた炸醤麺をアレンジした一品。よーく混ぜて食べます。食べ終わる直前に卵とゆで汁を加えてスープ仕立てにして締めるのも、流儀。

Ⓜ背負子《しょいこ》＋きつね森直売所

選び抜かれた品々の中には、食にまつわる本や雑誌も。読むことも食文化の中で大切なこと、という考えからだそう。

窓際のカウンターは喫茶コーナー。いただいた「梅レモンソーダ」は、八角やカルダモンなどがほんのり香るさわやか味。

Ⓘ福田パン 長田町本店

コッペパンに好みの具を挟んでもらうスタイルが人気。具のバリエーションは約50種類も！　あんバターとオリジナル野菜サンドが人気。

Ⓙもりおか啄木・賢治青春館

石川啄木と宮沢賢治を紹介する常設展示室のほか、美術展などを開催する展示ホールや喫茶コーナーも。国指定重要文化財の建物も見もの。

続いて訪れたのは「**啄木新婚の家**」。石川啄木が暮らした部屋を見学できるほか、啄木の年表なども紹介されています。盛岡名物「**福田パン**」に寄り道してコッペパンサンドを食べた後は、「**もりおか啄木・賢治青春館**」に移動。展示されていた両作家の直筆原稿や手紙などを見ると、遠い存在だったふたりが、身近に感じられます。

その後は中津川付近をお散歩。創業文化13年の生活雑貨店「**ござ九・森九商店**」で買い物したら、櫻山神社前の参道へ。独特の風情を感じさせるこの商店街にあるのが、盛岡三大麺のひとつ「盛岡じゃじゃ麺」の名店「**白龍**」。もちもちした麺に肉味噌や調味料をからめて食べるとお腹の底から元気がわいてきます。さらに同じ商店街で見つけたのが、食材や雑貨などが並ぶ「**背負子＋きつね森直売所**」。岩手・雫石の直売野菜を買って食べたら、みずみずしさ満点。岩手の土地の豊かさを感じる味でした。

盛岡駅に戻って立ち寄ったのは「**さわや書店 フェザン店**」。お店に近づくと、所狭しと置かれたPOPやパネルが目に飛び込んできます。数々の全国的なベストセラーを仕掛けてきたこの書店で力を入れているのが、じつは郷土本なのだそう。地元という接点で人と本をつなげ、盛り上げていく。紫波町図書館の精神と同じものが、この書店にも流れているのを感じました。

Ⓝさわや書店 フェザン店

スタッフの「売りたい！」という熱い想いが綴られたPOPやパネルは、この店の名物。年末にスタッフのおすすめ本をランキング形式で発表する「さわベス」など、遊び心あふれる企画も。

「さわや書店 フェザン店」と同じビルの3Fにある「ORIORI」も、さわや書店の系列店。本の装丁を額装して展示したり、イベントを開催するなど、フェザン店とは違う売り方を展開。

店内の一番目立つ場所に、郷土本コーナーが。ここを訪れていたお客さんが本を書き、それがまたこのコーナーに置かれて……という循環も生まれているそう。

Data

Ⓑ紫波マルシェ　㊟岩手県紫波郡紫波町紫波中央駅前2-3-3 オガールプラザ西棟　☎019-672-1504　㊪9：00〜18：40　㊡1/1〜1/4

ⒸThe BAKER　㊟岩手県紫波郡紫波町紫波中央駅前2-3-94　☎019-601-8830　㊪7：00〜16：30（売り切れ次第終了）　㊡不定休

Ⓓオガールイン　㊟岩手県紫波郡紫波町紫波中央駅前2-3-12　☎019-681-1256

Ⓔ炭焼炉端 二代目 真魚板　㊟岩手県紫波郡紫波町紫波中央駅前2-3-3　オガールプラザ西棟　☎019-601-9768　㊪17：00〜24：00　㊡日曜

Ⓕ岩手県立図書館　㊟岩手県盛岡市盛岡駅西通1-7-1　☎019-606-1730　㊐9：00〜20：00　㊡各月末（土・日・祝日の場合は前日）、アイーナ定期設備点検日、年末年始、年度末蔵書点検日

Ⓖ光原社 本店　㊟岩手県盛岡市材木町2-18　☎019-622-2894　㊪10：00〜18：00（1/5〜3月半ばは〜17：30）　㊡毎月15日（土・日・祝日の場合は翌日休）、年末年始

Ⓗ啄木新婚の家　㊟岩手県盛岡市中央通3-17-18　☎019-624-2193　㊐4〜11月8：30〜18：00　12〜3月9：00〜16：00　㊡12/28〜1/4、11月最終週〜3月は火・水曜

Ⓘ福田パン 長田町本店　㊟岩手県盛岡市長田町12-11　☎019-622-5896　㊪7：00〜17：00（売り切れ次第終了）　㊡お盆、年末年始

Ⓙもりおか啄木・賢治青春館　㊟岩手県盛岡市中ノ橋通1-1-25　☎019-604-8900　㊐10：00〜18：00　㊡第2火曜、年末年始（12/29〜1/3）

Ⓚござ九・森九商店　㊟岩手県盛岡市紺屋町1-31　☎019-622-7129　㊪8：30〜17：30　㊡日曜

Ⓛ白龍 本店　㊟岩手県盛岡市内丸5-15　☎019-624-2247　㊪月〜土曜9：00〜21：00　日曜11：30〜18：45　㊡お盆、年始

Ⓜ背負子＋きつね森直売所　㊟岩手県盛岡市内丸4-2-2F　☎050-7581-0609　㊪10：00〜18：00　㊡月曜、第1日曜

Ⓝさわや書店 フェザン店　㊟岩手県盛岡市盛岡駅前通1-44　盛岡駅ビル・フェザンおでんせ館1F　☎019-625-6311　㊪9：00〜21：00　㊡不定休

Q 釜定本店

100年以上の歴史を持つ南部鉄器の工房。現代の食卓にもなじむ、シンプルでモダンなデザインの鉄器が人気。

R 東《あずま》家《や》本店

創業明治40年のそば店。岩手名物わんこそばが体験できます。郷土料理とそばが楽しめる「南部そば定食」も。

O 一茶寮

天明2年に建てられた土蔵を改装した、趣あるカフェ。厚切りの食パンを蒸した「ふかしパン」をぜひ。

P 関口屋菓子舗

寒い風土の保存食としてつくられた、盛岡駄菓子の老舗店。ていねいにつくられたお菓子は素朴な味わい。

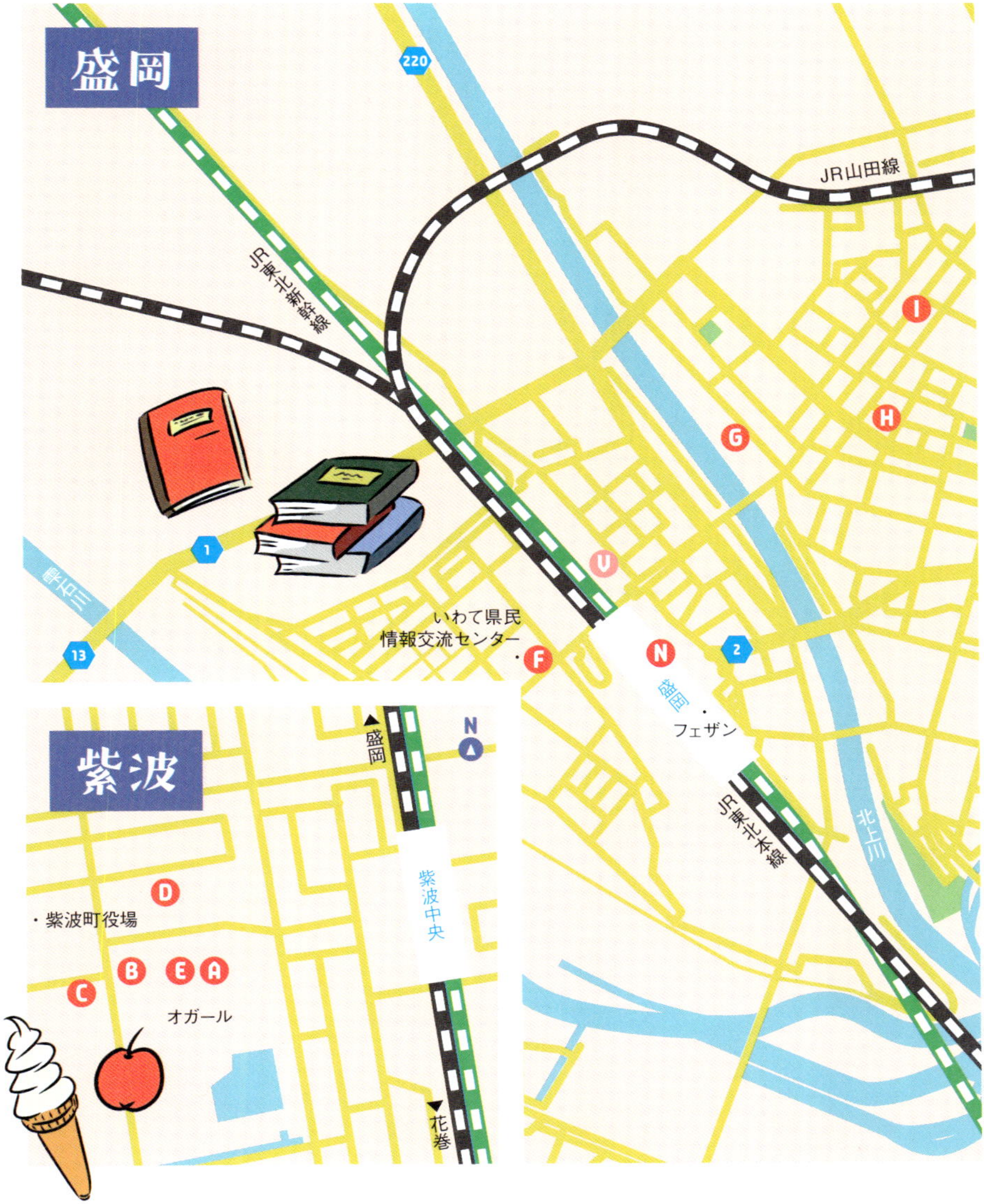

U ジュンク堂書店 盛岡店

岩手県内最大級の売り場面積と品揃えを誇る大型書店。書店めぐりをして個性の違いを楽しむのも◎。

U KANEIRI STANDARD STORE

南部鉄器など東北の伝統工芸品を中心に、雑貨や日用品等をセレクト。温かみのあるクラフトをおみやげに。

S 食道園

ご当地グルメとして有名な盛岡冷麺発祥の店。コシが強くのどごしのよい麺と、特製スープを味わって。

T さわや書店 本店

盛岡の繁華街にある本店は、親しみやすい雰囲気ながらこだわりのセレクトで、根強いファンが多数。

Shiwa
Public Library

紫波町図書館

紫波・岩手

まちづくり

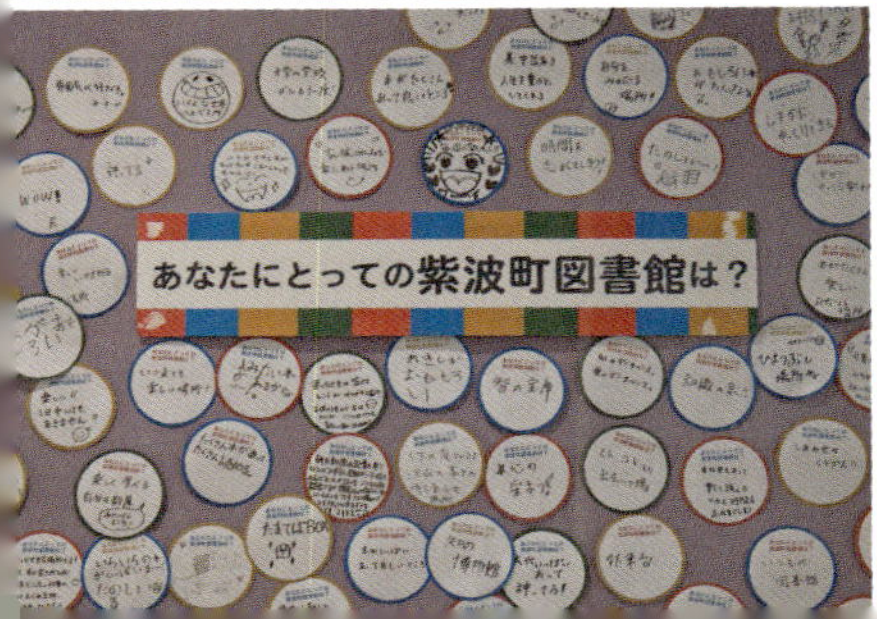
あなたにとっての紫波町図書館は？

新しく入った本
岩手・紫波
TRAIL RUN

2章

知りたい！いろいろな図書館の世界

図書館は、多様な資料が収集、整理、保存され、
それを読んだり借りたりできる知識の泉。
使い方のコツや便利なサービスを知ることで、
ちょっと困っているときに助けてもらえたり、
趣味や遊びに役立つ情報が入手できたり、
私たちの日常生活の中で、
もっと役立てることができます。
また、「図書館」といっても、
じつはいろいろな種類があり、
自分の用途に合った図書館を選ぶことで
効率よく目的を果たせます。
知っているようで知らない
「国立国会図書館」の体験記も収録しているので、
ぜひ、楽しみながら
いつか行く日のために予習してみてください。

図書館にはこんな種類が

一口に図書館といっても、様々な種類が。
主な図書館について役割や機能、使い方をご案内します。

都道府県立図書館

地元の頼れる図書館。
調査や研究をしたい人向け。

▼
▼
▼

各都道府県が設置する公立図書館。各都道府県民が利用できます。一般的に市町村立図書館よりも規模が大きく、蔵書数や職員数が多い傾向が。学術的な資料や専門書、郷土資料なども含めた多様な資料を収集・保存しており、調査や研究などを行うときに便利です。また、市町村立図書館が持っていない資料を、リクエストに応じて貸出するなど（協力貸出）、市町村立図書館を援助するのも、都道府県立図書館の大切な役割です。

国立国会図書館

抜群の蔵書数！
他の図書館にはない本も見つかります。

▼
▼
▼

日本で唯一の国立図書館。東京・千代田区にある東京本館（p76）のほか、関西館、国際子ども図書館（p18）という施設もあります。日本で発行された出版物を広く集め、保存することを目的とした図書館で、豊富な資料を使って、国会のための調査も行っています。蔵書数は4,300万点以上！　書籍や雑誌だけでなく古書や古地図など貴重な資料も。原則18歳以上なら誰でも利用可能。貸出は行われていませんが、館内で閲覧できます。

※ここでご紹介した以外に
日本赤十字社、一般社団法人、
一般財団法人が設置する「私立図書館」や、
小・中・高等学校内にある
「学校図書館」もあります。

専門図書館・大学図書館

**専門的な資料や、
学術書を探しているときの強い味方。**

▼
▼
▼

専門図書館とは、特定の分野を中心に本や資料を集めている図書館のこと。官庁、研究所、美術館・博物館、企業などが設置・運営しています。自分の知りたいテーマと合った図書館が見つかれば、効率的に調べ物ができます。大学図書館はその名のとおり、大学や短大などによって設置される図書館で、学術書や専門書が充実。自習スペースが広いのも魅力。図書館によっては、卒業生や学外の一般の人でも利用できるところも。

市町村立図書館

**気軽に利用できる図書館。
小説や実用書もおまかせ。**

▼
▼
▼

各市町村（東京23区を含む）が地域住民に直接サービスするために設置する公立図書館。利用者のニーズを反映して、ベストセラー小説や実用書、児童書などが充実していることが多く、趣味で読書を楽しむ、暮らしに役立つ本を探すなど、様々な使い方ができます。最近はカフェが併設されたり、ビジネスを支援する取り組みを行っていたり、イベントが開催されたり…etc. サービスが多様化し、特色のある図書館も増えています。

基本編

図書館の使い方

まずは地元の公立図書館を知ることから。
使い方のコツがわかれば、もっと活用できます。

地元の図書館に行ってみよう

まずは家の最寄りの公立図書館に行って利用登録してみることからスタート。開館時間や、貸出冊数、貸出期間、資料の返却場所も確認を。開館時間外でも返却できるブックポストや、その図書館以外にも返却できる場所が設けられていることも。同じ図書館カードで、近隣の他の図書館が使える場合もあります。

館内をまわってみよう

目的の本を探して、借りたら終わり、ではもったいない！ 一度、ぐるっと一周してみましょう。新刊はどこに配置されているのか、どんなジャンルに力を入れているのか、どんな雑誌や新聞を揃えているのか、といった図書館の個性が見えてきます。図書館によっては、企画展示などを行っているところもあります。

閲覧室や自習スペース、休憩所、授乳室など、自分に必要な施設があるかどうかも、チェックしておきましょう。

図書館で見られる資料を知っておく

開架されている図書以外にも、雑誌のバックナンバーや新聞の縮刷版・マイクロフィルムを閲覧できたり、新聞や雑誌の過去記事や百科事典、論文などのデータベースを図書館のパソコンで閲覧できる場合も。貴重な郷土資料や古書を収集している図書館もあります。

また、その図書館にない本でも、他の図書館から取り寄せることができたり、「この本を置いてほしい」というリクエストができたりする場合もあります。

こうしたサービスがあるか図書館に問い

合わせるか、図書館のＨＰで確認しておくと、いざというときに使えます。

予約や貸出延長の裏ワザ

図書館のＨＰは、サービスや利用案内を見られるだけでなく、便利な機能も。多くの図書館では、蔵書検索（WEB-OPAC）にアクセスすると、探している本がその図書館にあるか、現在貸出中か、といった情報が見られるほか、利用登録していれば、本の予約や貸出期間の延長手続きなどができることも。この機能を使いこなせば、図書館に行っても目的の本がない、といった事態を防ぐことができます。

複数の図書館を使い分けても

図書館によっては、地域の居住者以外でも、その地域の会社や学校に通っていたり、近隣の地域に住んでいたりすれば、利用登録ができるところもあります。

帰りが遅くて地元の図書館に寄るのが難しいときは会社近くの図書館を使う、休日には近隣の蔵書数の多い図書館に行ってみるなど、ライフスタイルに合わせて図書館を使い分けられたら、上級者です。

「カーリル」を活用しよう

カーリル（https://calil.jp/）は、全国７０００以上の図書館から、リアルタイムの貸出状況を検索できるサービス。公立図書館だけでなく、約１４５０館の大学図書館や、約２８０館の専門図書館もカバーしています。複数の図書館を利用している場合は、各図書館のホームページを検索するよりも、カーリルで検索するほうが効率的。急ぎで読みたい本がある場合も、どの図書館に行けばあるかわかるので、便利です。

応用編

図書館の使い方

課題を解決したり、趣味の世界を深めたり。
図書館でできることは、想像以上にたくさん！

困ったときは図書館へ

図書館というと、読書する場所、あるいは勉強する場所、というイメージがありますが、近年は課題解決に力を入れ、ビジネスや医療、法律などの情報提供を積極的に行う図書館も増えています。

たとえば、自分や家族が病気になって、病院の説明だけでは理解できなかったとします。そんなときに図書館に行けば、病気や薬の事典がありますし、病気別の専門書や、リハビリテーションの本、食事療法の参考になるレシピ本、さらには、その病気にかかった人の体験を綴った闘病記も読めるかもしれません。

他にも「遺産相続することになったけれど、どんな手続きが必要？」「新しいビジネスを立ち上げたいので、業界の動向を調べたい」「地域を盛り上げる企画を立てたいから地域資料を読みたい」など、日頃の生活範囲では得られない情報や知識が必要になったときにも、図書館が役立ちます。

レファレンスサービスを頼りにしよう

ただ、悩みや課題があっても、何を読めばいいのかわからない、ということもあります。そんなときに強い味方となってくれるのが、本や資料を探す手伝いをしてくれるレファレンスサービスです。図書館のスタッフは医療や法律等の専門家ではないので、直接悩みや課題を解決してもらうことはできませんが、参考になる本や資料を提示する形で、解決する手助けをしてくれます。

その図書館に必要な資料がなければ他の図書館から取り寄せたり、関係機関を紹介してくれたりすることもあります。

もちろん悩みや課題以外にも、様々な目的での「こんなことを知りたい」といった相談もできます。

専門図書館を使いこなす

すでに調べたいテーマが決まっている場合は、専門図書館を利用しても。その分野の資料が豊富に揃っているので、情報集めや調べ物もはかどります。専門図書館というと敷居が高いイメージがあるかもしれませんが、切手関連の本や雑誌が集まった「切手の博物館 図書室」（p105）やガイドブック等の資料が揃う「旅の図書館」（p109）など、ユニークな図書館も多く、趣味の世界を深めるのにもぴったりです。

専門図書館は、専門図書館協議会が発行している『専門情報機関総覧』で調べられるほか、カーリル（p73）の「図書館マップ」や東京都立図書館の「専門図書館ガイド」（http://senmonlib.metro.tokyo.jp/）などで検索できます。一般公開されていない場合や、利用に際し身分証明書などが必要なこともあるので事前にHP等で確認を。

図書館へ遊びに行こう

最近は、おいしいコーヒーが飲めるカフェがあったり、見晴らしのよい閲覧席があったり、子どもの本のコーナーが親子で楽しめるように工夫されていたりと、居心地のよい図書館が増えています。また、ユニークな建築の図書館も続々でき、鑑賞する楽しみも生まれています。

こうした変化にともない、調べ物などの目的がなくても、遊びに行く感覚で図書館を訪れる人も増えています。イベントや交流会などを積極的に開催している図書館もあり、それに参加するのも図書館の新しい楽しみ方のひとつです。

また、観光地やお出かけスポット近くの図書館は、観光に役立つ本やパンフレットなどが置かれていることも多いので、情報収集に便利。その土地を知ることで、散歩や旅がより面白いものになるはずです。

来々《ライライ》!ライブラリー
はじめての国立国会図書館の巻
母さーん
はーい
おじいちゃんの あの本って どこやったっけ?
ああ処分したわよ あんな本 しおりが見たら ショック受けるでしょ
あれ しおりが 生まれた年に 出したのよねぇ
そうそう
おじいちゃんが 本を出してた!? しかも私が ショックを受ける 内容って何?

＊国立国会図書館

国内外の資料・情報を広く収集・保存して、知識・文化の基盤となり、国会の活動を補佐するとともに、行政・司法及び国民に図書館サービスを提供している。国立国会図書館法では、国内で発行された広くの出版物を国立国会図書館に納入することが発行者などに義務付けられている。そのため基本は日本で発行されている出版物の広くが1冊ずつ収蔵されていることになる。

㊟東京都千代田区永田町1-10-1
📞03-3581-2331
㊎9時30分〜19時(土曜は〜17時)
㊡日・祝休日、年末年始、第3水曜(資料整理休館日)

ここが国会図書館……
とりあえず館内をぶらぶらしてみようっと♪
えっ……開かない!!
ちょっとーパスモかざしても開かないんですけどー
バカ者っ!!
パスモで入れるわけないじゃろ!
キラーン
誰?誰なの?
キョロ
キョロ
フォフォフォワシはもっと下じゃよ……
下?
ハッ

＊**利用者登録について**
国立国会図書館の書庫の資料を利用するには手続きが必要。氏名、現住所、生年月日が記載された本人確認書類（免許証、保険証等）を持って新館2Fの利用者登録カウンターへ。

また登録利用者にならなくても、当日利用カードの交付を受ければ入館でき、専門室の開架資料の閲覧と即日複写と、電子情報の閲覧とプリントアウトは可能。利用者登録は9時〜18時30分（土曜は〜16時30分）

＊新館2Fのロッカー
コイン式なので、小銭を用意しておこう！近くに両替機もあるが1万円札は両替不可なので注意。

＊売店
本館6Fに売店があり、飲み物なども購入できる。国立国会図書館内で使えるビニールの手提げ袋も数種類販売されているので覗いてみても。

＊本館2Fの第一閲覧室と新館2Fの閲覧室などでは自分が持ち込んだノートパソコンやタブレットを使用できる。机には電源もあって便利。

＊館内には資料検索用の端末がずらりと並ぶ。

＊新館書庫
本館とあわせて1200万冊の収蔵能力を持つ。

*利用者が閲覧を申し込んだ資料で、地下の書架にあるものは、カウンターまでベルトコンベアで運ばれる。

*地下8Fの書庫から1Fまでは吹き抜けに。通常は一般に公開していないが、事前の申し込みで一部見学可能なところも。詳しくはHPを参照。http://www.ndl.go.jp/jp/tokyo/visit/index.html

＊本館2Fの図書カウンターの文字

国立国会図書館が1948年に立法補佐機関として国会に設置された際、国立国会図書館法の前文に「国立国会図書館は、真理がわれらを自由にするという確信に立つて、憲法の誓約する日本の民主化と世界平和とに寄与することを使命として、ここに設立される」と記された。以来、国立国会図書館の理念とされている。

孫太!

!!!

じいさん何書いとんねん…

私も表紙に写ってるし…

私は目次だけ見て、そっと閉じました。母が言っていた「ショック」の意味が分かりました……。

もくじ
第一章 孫に愛される
しおり10日目

＊本館6Fの食堂
レトロな社食っぽい雰囲気。和食、中華、洋食と幅広いメニューが揃う。全体的にボリュームが多く、値段が安いのでコスパも〇。

＊本館3Fの喫茶
ソフトクリームがおすすめ。

師匠、私
挑戦してみます!!
ポチッ
メガ図書
あ、さり
完食…
名物の
唐揚げも
いけるかしら
国会図書館は町の図書館と全然違うんですね。びっくりしました
唐揚げ
そもそも町の図書館とは役割が違うんじゃ
役割？
今日、お主がやった本を調べるというのは我々国民が利用できるサービスなのじゃ。じゃが、国会議員らの依頼によって調査や情報を提供したり行政や司法へもサービスを行っているんじゃよ
国民
サービス
国会図書館
サービス
国会
行政・司法
すごいわ!!
国会図書館

＊本館地下にレトロな雰囲気の理容室あり。調べ物に疲れたら、理容室でリフレッシュしてみても?

1カ月後……
師匠…
カットは
頼んでないです…

3章

お出かけや旅行に 全国の注目の 図書館１０５館

全国の図書館の中から、一般の人が入れて（有料含む）、
一般の交通手段を使って行けることを条件に

- 建物が素敵
- カフェがある
- 立地がいい・立地が素敵
- 子どもにやさしい
- 専門性がある・マニアック
- 新しい（過去5年以内に開館）
- 注目の取り組みや積極的な活動を行っている

の7つの視点でセレクトしました。
もしかしたら家の近くや、職場の近くにも
意外と知らなかった図書館を発見できるかも？
週末のお出かけや旅先で、
図書館でのひとときを楽しく過ごすための
ガイドにしていただけたらうれしいです。

※公立図書館以外の施設には、有料のものもあります。
※大学図書館は、試験期間中の一般利用の制限や、
事前申し込みが必要な場合があるため、訪問の際はHPなどでご確認ください。

図書館内にある喫茶Borjan（ボルヤン）ではコーヒーやスイーツだけでなく、サンドイッチやおにぎりのセットもいただける。

函館市中央図書館

函館観光情報の収集にも

五稜郭の目の前にあり、函館駅から市電やバスを利用してアクセスすると便利。「函館学コーナー」には函館や道南の歴史や文化、石川啄木などゆかりの人物に関する資料が揃う。2Fにはレファレンスコーナーが設けられているので観光情報収集にも○。建物は日本図書館協会建築賞受賞(2007)。図書館収蔵の古い資料をもとに再建された箱館奉行所へ散歩がてら足を延ばしてみても。

(住)北海道函館市五稜郭町26－1　☎0138-35-5500　(開)9：30～20：00　(休)水曜（祝休日にあたる場合は翌日）、毎月最終金曜（3月を除く）、年末年始（12／29～1／3）

つがる市立図書館

つがる市民待望の公共図書館が誕生

「イオンモールつがる柏」内と好立地。同じ建物内に書店やカフェがあり、本好きにはうれしい。柱周りに並ぶりんご箱やいろいろな形の椅子など、洗練された空間レイアウトにも注目！

(住)青森県つがる市柏稲盛幾世41　☎0173-25-3131　(開)10：00～20：00　(休)毎月最終月曜（特別整理期間が年に5日）

旭山動物園 動物図書館

動物園に行った際にはぜひ

1Fの動物資料展示館には骨格標本やはく製などが。2Fの図書館では開園当初からのパンフレットなどの園の関連資料のほか、動物に関する書籍や絵本が自由に閲覧できて楽しい。

(住)北海道旭川市東旭川町倉沼 旭川市旭川動物園内　☎0166-36-1104　※動物園の開園時間と図書館の開館時間は年や季節によって異なるので、HPなどを参照図書館1FのCafe Journalではエスプレッソや本格的なコーヒーが味わえる。

一関市立一関図書館

開館から4年で来館者100万人！

2014年開館の新しい図書館。一ノ関駅から近い中心市街地という立地のよさも手伝ってか、年間で約25万人の利用があり、来館者はすでに100万人を超える快挙！　ゆったりとしたスペースや、読書テラスなどは、建設前のワークショップで市民から吸い上げた希望を反映させたもの。「地域とともにつくり上げた新しい図書館」の成功例のひとつといえそう。

㊟岩手県一関市大手町2-46　☎0191-21-2147　㊐10：00～20：00（土・日・祝日は～19：00）　㊡月曜（休日にあたる場合は翌平日）、毎月第４木曜（図書整理）、年末年始（12／29～1／3）

地元の信頼が厚く、独特な販売方法などが全国的に注目される岩手県盛岡市（本店）の「さわや書店」（p63）。
そのさわや書店の礎を築いたカリスマ書店員の伊藤清彦さんが、一関市立一関図書館の副館長へと華麗なる転身をされました。
新しい舞台でも手腕を発揮し、書店界と図書館界から熱い視線を送られ続ける伊藤さんにお話を伺いしました。

気になる図書館のお話

地元に愛される書店と図書館をつくる

一関市立一関図書館 伊藤清彦副館長へのQ&A

Q　一関市立一関図書館が利用者に支持されている理由や、魅力はどういった点でしょう。

A　駅に近いという立地条件であることと、予算が確保されているゆえの新刊の充実、ゆとりある棚設計（通路幅など）です。

Q　個人的なお仕事の手法として書店と図書館の違いは。

A　選書の仕方が異なります。書店の場合は（売れるかどうかの）総合的判断が大事ですが、図書館の場合はストックすべき本かどうかの内容の判断が最初です。

Q　書店経験のある伊藤副館長ならではの新しい切り口の取り組みなどはありますか。

A　フェアの組み方が書店と図書館では異なります。書店は質と量でフェアを組めますが、図書館は基本的に同じ本は1冊しかないので、もっと広域なフェアを展開しています。設定したテーマの周辺まで選書を広げています。

Q　伊藤副館長が考える、図書館の魅力とは。

A　図書館の最大の魅力はアーカイブ性です。書店は今現在の出版物のなかで展示・販売をしているわけですが、図書館は過去に遡れますから。

©小林キユウ

東京都立中央図書館（p 38）での修復作業から戻った被災資料が展示されており、震災関連の資料も豊富に揃う。

陸前高田市立図書館

被災地ならではの図書館のあり方を

東日本大震災で全壊した旧図書館。中心市街地の商業施設「アバッセたかた」に併設する形で、2017年、新たにオープンした。建物は木造の平屋造り。地場産の木材を使った柱や床など、木の風合いが活かされた落ち着いた雰囲気。高い天井から吊り下げられたペンダントライトのやわらかな光に包まれた、温もりのある館内は市民の憩いの場に。

㊟岩手県陸前高田市高田町字馬場前89-1 ✆0192-54-3227 ㊐10：00～19：00（土・日・祝日は～17：00） ㊡月曜（祝日にあたる場合は翌平日）、12／29～1／3、7・12月を除く毎月最終水曜

村野藤吾賞、日本建築家協会賞 国際建築賞（2010）、グッドデザイン賞ほか多数受賞。

国際教養大学 中嶋記念図書館

一度は足を踏み入れてみたい空間

「本のコロセウム」をテーマに建築家の仙田満氏（東京工業大学名誉教授）が設計。秋田杉と伝統技術を活かした傘型の屋根の下には開放的な空間が広がり、「一度は行ってみたい」と思わせる魅力がある。「24時間365日開館の図書館」をうたっており、在学生と教職員は24時間利用できる。ただし一般利用は24時間ではないのでご注意を。

(住)秋田県秋田市雄和椿川字奥椿岱　☎018-886-5900　(開)8：30～22：00、土・祝日・長期休暇期間10：00～18：00、日曜10：00～22：00　※変更になる場合があるのでHPを参照　(休)無休

東根市図書館
東根市公益文化施設「まなびあテラス」

明るく自由で賑わいのある市民の憩いの場

2016年にオープンした「まなびあテラス」は、図書館、美術館、市民ギャラリー、都市公園、カフェからなる複合施設。図書館の自動貸出機・自動返却機の設置や、「24時間受取ロッカー」などの新しい試みも注目されている。読書テラスや、芝生広場など、屋内施設の機能とつながる屋外広場も人気のスペース。

㊟山形県東根市中央南１－７－３　☎0237-53-0227　㊒９：00～20：00（日・祝日は～19：00）　㊡毎月第２・第４月曜（祝日にあたる場合は翌平日）、12／29～１／３、特別整理日

併設されている、ブーランジェリーカフェ「オイッティマルシャン」。ふたつきの飲み物なら、図書館への持ち込みも可能。

仙台市民図書館

斬新なデザインの建物で注目

市内の文化の活動拠点となる複合施設「せんだいメディアテーク」内に2001年オープン。建物の設計は建築家の伊東豊雄氏。斬新なデザインが国内外から注目を集め、グッドデザイン賞など多数の賞を受賞。東日本大震災を語り継ぐため、震災発生当時から現在まで関連する様々な資料を収集した「3.11震災文庫」の設置など、被災地ならではの取り組みも。

(住)宮城県仙台市青葉区春日町2-1 せんだいメディアテーク内　022-261-1585　(開)10：00〜20：00（土・日・休日は〜18：00）　(休)月曜（休日以外）、休日の翌日（土・日・休日以外）、第4木曜（12月と休日以外）、12／28〜1／4、特別整理期間

ペンダント型の間接照明が天井から吊り下がり、整然としつつ安らぎを感じられる館内フロア。

多賀城市立図書館

1日のんびり過ごしたい

多賀城駅からすぐの新しいビルに2016年オープン。「キッズライブラリー」やベビーカーの貸出など、子どもも楽しめる空間が家族連れに喜ばれている。蔦屋書店とスターバックス コーヒーを併設しているので、家族や友人と訪れたりする人も多く、地域の人気スポットに。閲覧席も充実しており、くつろげる空間で読書が楽しめる。

(住)宮城県多賀城市中央２－４－３ 多賀城駅北ビルＡ棟　022-368-6226　(開)9：00〜21：30　(休)年中無休

A子どもが借りた絵本を記録できる「読書通帳機」も人気。 B本館３Ｆの学習スペースも落ち着いた雰囲気。

「くらしのコーナー」など分類がわかりやすく、本を探しやすい工夫がされた書架。

大崎市図書館

オープンから約2カ月で入館者が10万人を突破！

複合施設「来楽里ホール」内に2017年オープンした新しい図書館。古川駅から近く、アクセスも便利。平日で1日900人、週末は1,400人もの来館者が。床や書架には地元産の木材を使用し、天然木の風合いを活かした館内はバリアフリー構造。ゆったりとした空間で、入るとすぐに児童コーナーが広がり、2Fがティーンズフロアになっているのも特徴的。

㊟宮城県大崎市古川駅前大通４－２－１
0229-22-0002　㊋９：30～19：00（土・日・祝日は～17：00）　㊡月・第３木曜（祝日にあたる場合は翌平日）、12／28～１／４、特別整理期間

館内は木の温もりを感じられる空間。

南相馬市立中央図書館

市民がホッとできる癒しの場所

2013年日本図書館協会建築賞受賞の吹き抜けを活かした建物は開放感があり、館内には自然の光が降り注ぐ。テラスなどの屋外読書席や、畳の読書室など、通常の読書机以外にも読書スペースが豊富に設けられているのもうれしい。アート関連の本も充実しており、本棚に絵画を展示するなどの面白い試みも。震災や原発関連の資料もコーナーで展開している。

(住)福島県南相馬市原町区旭町２−７−１　☎0244-23-7789　(開)９：30〜20：00（土・日・祝日は９：30〜17：00）　(休)月曜、年末年始、特別整理期間

白河市立図書館「りぶらん」

美しい建物と景色のコンビネーション

白河駅から徒歩５分とアクセスも便利。小峰城に近い立地ということもあって、景観に配慮した美しい建物が特徴的。曲面天井などの工夫で時間や季節によって光の入り方が違うため、空間の表情が変わるのも楽しい。閲覧席も250席と豊富で、ゆったり滞在できる地域の癒しのスポットに。第33回東北建築賞や第30回福島県建築文化賞（正賞）など受賞も多数。

(住)福島県白河市道場小路96−５　☎0248-23-3250　(開)10：00〜20：00（土・日・祝日は９：30〜18：00）　(休)月曜（祝日にあたる場合は翌日）、第１水曜、年末年始

本や雑誌、CD、DVDはもちろん、絵画やマンガのコレクションも充実している。

ゆうき図書館

詩人の新川和江氏が名誉館長

結城市民情報センター1-2Fにある図書館。夏休みを利用した子ども司書養成講座や読書通帳など、独自の取り組みが注目されている。無料で利用できる4Fの天体ドームも人気。

(住)茨城県結城市国府町1－1－1　☎0296-34-0150
(開)9：00～ 19：00　(休)月曜（祝日にあたる場合は翌日）、最終水曜（12月以外）、特別整理期間、年末年始（12／29～1／3）

水戸市立西部図書館

映画『図書館戦争』のロケ地としても知られる

新居千秋氏の設計による円形ドーム型の建物は建築界の芥川賞といわれる第18回吉田五十八賞を受賞。中央部の吹き抜けが特徴的で、館内は本に包みこまれているような空間に。

(住)茨城県水戸市堀町2311－1　☎029-255-5651　(開)9：30～20：00　(休)月曜、館内整理日（11月を除く第1木曜）、年末年始、図書整理期間

宇都宮市立南図書館

家族で楽しめるイベントも！

雀宮駅東口から徒歩5分とアクセス便利。読み聞かせができる「おはなしのへや」やプレイルーム、授乳室など、家族連れにやさしい設備が揃う。お祭りなどの多彩な企画イベントも充実。

(住)栃木県宇都宮市雀宮町56－1　☎028-653-7609
(開)9：30～20：00　(休)月曜（祝日にあたる場合は翌日）、第3木曜（祝日にあたる場合は前日）、年末年始、特別整理期間（年5日）

土浦市立図書館

2017年オープンの新しい図書館

土浦駅前ビル「アルカス土浦」内とアクセスがよく、閲覧席は650席と県内最大規模。10カ月～2歳までの乳幼児を預かってくれるなど、子育て世代にうれしいサービスも。

(住)茨城県土浦市大和町1－1　☎029-823-4646　(開)10：00～20：00（土・日・祝日は～18：00）　(休)月曜（第1月曜・祝日を除く）、12／29～1／4、特別整理日

©Daichi Ano

©Yoichi Onoda

みんなのカフェ＆ショップ『キタノスミス』では地産地消がテーマ。地元で人気の「BLACK SMITH COFFEE」をぜひ味わってみたいところ。

太田市美術館·図書館

知的好奇心をくすぐる意匠たち

太田駅徒歩１分とアクセス抜群。美術館と図書館が一体化し、クリエイティビティに触れられる市内の文化拠点となっている。緩やかなスロープが連続する緑豊かな建物は美しい景観を生み出している。館内も約300種類の和洋雑誌を取り揃えた「ブラウジングコーナー」や「ものづくり」の関連書が並ぶ「学びの道」など、知的好奇心をくすぐられる魅力的なフロア展開が好評を博している。

㊟群馬県太田市東本町16-30　☎0276-55-3036　㊐10：00～20：00（日・祝日は～18：00）　㊡月曜（祝日・振替休日にあたる場合は翌日）、年末年始（12／29～1／3）、最終火曜

２Fにあるライブラリーは、土日は予約なしで利用可能だが、平日は事前に予約を。

鉄道博物館ライブラリー、キッズライブラリー

鉄道関係の貴重なコレクションが集結

写真提供：鉄道博物館

鉄道博物館内の図書室。鉄道を中心に、交通関係各分野の資料をはじめ、鉄道関係雑誌のバックナンバーや明治期からの時刻表など約3万8,000冊を所蔵。日本の鉄道と文化を紹介する「鉄道文化ギャラリー」や、子ども向けの鉄道関連の絵本を揃えた「キッズライブラリー」のほか、食堂車をテーマにした「トレインレストラン日本食堂」など、マニアじゃなくても楽しめるスポットが満載！

(住)埼玉県さいたま市大宮区大成町３-47　☎048-651-0088　(開)10：00～18：00（入館は17：30まで）　(休)火曜、年末年始

千葉市中央図書館

気持ちのいい読書テラスも

千葉市生涯学習センターとの複合施設にあり、開放的な造り。千葉公園のすぐそばにあるため、窓の外の豊かな自然を感じながらの読書が○。

(住)千葉県千葉市中央区弁天３－７－７　☎043-287-3980　(開)９：30～21：00（土・日・祝日は～17：30）　(休)月曜（祝日・振替休日にあたる場合は翌日）、図書整理日（第３木曜。祝日にあたる場合は翌日）　※そのほかはHPを参照

桶川市立駅西口図書館

図書館と大型書店がマッチング

文化交流施設「OKEGAWA hon＋」の中にオープン。図書館で所蔵するのが難しい参考書は書店で、絶版の本は図書館で借りるなど、相互の特徴を活かして、利用者のニーズに応える。

(住)埼玉県桶川市若宮1-5-2 おけがわマイン3F　☎048-786-6353　(開)10：00～21：00　(休)１／１～１／３、特別整理期間

TRC八千代中央図書館

無料託児など子育て世代に向けたサービスが充実

2015年7月にオープン。週3日（火・水・土曜の10:00～13:45）の無料託児サービスが注目を集めており、予約なしで利用できるのもうれしい。小さな子どもがいるお母さんも子どもを預けてゆっくりと読書や調べ物ができる。短い時間でも、子どもと離れて自分の時間が持てるのは貴重でリフレッシュにもなると好評。

(住)千葉県八千代市村上2510　☎047-486-2306　(開)10：00～19：00（土・日・祝日は９：00～18：00）　(休)月曜（休日にあたる場合は翌日）　※そのほか館内整理日や特別整理期間などHPを参照

「川の読書席」には川のせせらぎや鳥のさえずりの音が流れる。学習席にはアロマが香り、リラックスできる。

資料提供：江東区広報広報課

江東区立深川図書館

レトロな雰囲気が◯

明治42(1909)年9月10日東京市立図書館として設立され、昭和25(1950)年10月に江東区に移管された。清澄庭園に隣接しているので、庭園の散策や下町散歩と一緒に楽しむのもおすすめ。

住 東京都江東区清澄３－３－39　✆03-3641-0062　開 ９：00〜20：00(日・祝休日、12／28は〜17：00　休 月曜(祝・休日にあたる場合は翌日)、第１金曜(１月・５月は除く)、12／29〜１／４、特別整理期間

荒川区立ゆいの森あらかわ（荒川区立中央図書館）

都電荒川線「荒川二丁目」からすぐ！

荒川区の新しいランドマークとして注目される複合施設「ゆいの森あらかわ」。イベントがないときには閲覧席になるホールや、本が持ち込めるカフェなどの魅力がたくさん。

住 東京都荒川区荒川２－50－１　✆03-3891-4349　開 ９：30〜20：30　休 第３木曜、年末年始、特別整理期間

写真：東京都江戸東京博物館

東京都江戸東京博物館 図書室

高床式の倉をイメージした建物

江戸東京の文化と歴史を振り返り、未来の都市と生活を考える場をコンセプトとする江戸東京博物館内の図書室。ユニークな建物は東京の観光スポットとしても人気。

住 東京都墨田区横網１－４－１　✆03-3626-9974　開 ９:30〜17:30　※入館は閉館の30分前まで　休 月曜(祝日にあたる場合は翌日)、年末年始

新宿区立下落合図書館

2017年オープンの新しい図書館

閑静な住宅街と緑に囲まれた環境。テラスと一体化したオープンライブラリーやタッチパネルの閲覧席管理システムなど、利用者が快適に過ごせるように配慮され、地域に根づいている。

住 東京都新宿区下落合１－９－８　✆03-3368-6100　開 ９：00〜21：45(日・祝休日は18：00)　休 月曜(祝休日の場合は翌日)、第２木曜(祝休日の場合は翌日)、特別図書整理日、年末年始(12／29〜１／４)

切手の博物館 図書室

切手や消印が好きな人におすすめ!

切手の博物館の2Fにある専門図書室。明治・大正期の貴重な文献からマンガまで郵趣関連書籍約13,000冊、雑誌・オークション誌約2,000タイトルを所蔵。博物館を訪れた際はぜひ。

㊟東京都豊島区目白1-4-23　03-5951-3331　㊐10：30～17：00　㊡月曜、展示替時、年末年始

ポーラ化粧文化情報センター

女性が大好きなお化粧の専門図書館

化粧文化の専門図書館として図書約1万5,000冊を所蔵し、無料で一般公開。気軽に楽しめるミニ展示のほか、レファレンスサービスもあるので化粧文化を調べる際はぜひ訪れたい。

㊟東京都品川区西五反田2-2-10　ポーラ第2五反田ビル1Fポーラ文化研究所内　03-3494-7250　㊐水曜の10：30～17：00のみ　※HPを参照

ミステリー文学資料館

ミステリー専門の図書館

ミステリーに関心を持つ作家、研究者、一般読者のために、資料を収集、保存している。戦前戦後の探偵・推理雑誌、研究書など他では見られない貴重な資料を自由に閲覧できる。

㊟東京都豊島区池袋3-1-2　光文社ビル1F　03-3986-3024　㊐9：30～16：30（入館は16：00まで）　㊡日・月曜、祝日、12/27～1/5、5/1

東京文化会館音楽資料室

音楽好きの聖地とも

上野恩賜公園内の東京文化会館にある数少ない音楽専門の図書館。昭和36(1961)年開設。クラシック音楽を中心に、民族音楽、邦楽、舞踊などの資料を無料で閲覧・視聴できる。

㊟東京都台東区上野公園5-45　03-3828-2111　㊐11：30～18：30（土・日・祝日は～17：00）　㊡月曜、HPのカレンダーを参照

北区立中央図書館

生まれ変わった 赤レンガ倉庫

元「東京砲兵工廠銃砲製造所」だった建物を図書館として再生。赤レンガの壁を活かした吹き抜けの天井で、開放感のある空間。北区名誉区民で北区アンバサダーの日本文学研究者、ドナルド・キーン氏寄贈の書籍と絵画を中央図書館1Fに「ドナルド・キーンコレクションコーナー」として公開。公立図書館では珍しいグッドデザイン賞（2009）や第27回日本図書館協会図書館建築賞などを多数受賞している。

(住)東京都北区十条台1-2-5 ✆03-5993-1125 (開)9：00〜20：00（日・祝日は〜17：00） (休)第1・3・5月曜、HPのカレンダーを参照

Aユニバーサルデザインを取り入れた館内。「ワンフロアーで使いやすい開架室」や「長期滞在型に配慮」といった利用者に配慮したコンセプトが貫かれている。Bパウダールームを備えた女性用トイレも。

昭和館図書室

戦中・戦後の暮らしの資料

昭和館の4Fにある図書室。戦時中に発行された雑誌をはじめとする戦中・戦後の国民生活を中心とした文献と資料を所蔵。所蔵資料は目次を含む情報がデータ化され、自由に検索できる。

(住)東京都千代田区九段南１－６－１　03-3222-2577　(開)10：00～17：30（入館は17：00まで）　(休)月曜（ただし、祝日または振替休日にあたる場合は翌日）、年末年始（12/28～1/4）

紙の博物館 紙博図書室

紙の専門図書館

紙の博物館内の1Fにある図書室。紙・パルプ・製紙業・和紙およびその周辺分野の図書・雑誌を所蔵。一部の資料は予約や申請が必要なので、HPで事前にチェックしておこう。

(住)東京都北区王子１－１－３　03-3916-2320　(開)10：00～12：00、13：00～17：00　(休)博物館の休館日、火・水曜、臨時休館日

公益財団法人 松竹大谷図書館

演劇・映画の専門図書館

松竹株式会社の創業者の一人・故大谷竹次郎が文化勲章を受章したのを記念して、昭和31(1956)年に設立。演劇・映画の興行資料を広く収集し、一般に公開している。

(住)東京都中央区築地1－13－1　銀座松竹スクエア３F　03-5550-1694　(開)10：00～17：00　(休)土・日曜、祝日、最終木曜、５/１、11/22、年末年始、春期および夏期特別整理期間

千代田区立千代田図書館

セカンドオフィス利用にも○

北の丸公園の自然を眺めながら、リラックスして読書ができる。ビジネス資料も豊富に揃い、Wi-Fiを使える席もあって便利。

(住)東京都千代田区九段南１－２－１　千代田区役所９・10F　03-5211-4289　(開)10：00～22：00（土曜は～19：00、日・祝日・12/29～12/31は～17：00）※夏期は９：00開館の期間あり　(休)第４日曜、１/１～１/３、特別整理期間

京橋本館の設計は、蘆原義信氏が手がけた。東京国立近代美術館フィルムセンターより2018年に国立映画アーカイブとして改組。

国立映画アーカイブ図書室

映画専門の図書室

画像提供：国立映画アーカイブ

国内唯一の国立映画機関、国立映画アーカイブ。その4Fにある図書室は、4万8,000冊を超える映画関連の図書・雑誌・映画祭カタログ・映画パンフレットなどを所蔵している。閲覧室ではデジタル化した戦前期の映画雑誌340冊以上を試験的に公開。他の美術館と連携した資料の検索システム（OPACやALC）は、HPからも利用可能（数値は2018年3月末時点）。

住 東京都中央区京橋３-７-６　☎03-5777-8600（ハローダイヤル）　開12：30〜18：30（入室は18：00まで）　休日・月曜、祝祭日、休館日、年末年始および図書整理期間

東京大学総合図書館

歴史のある建物にも注目

明治10（1877）年、東京大学開学以来140年余りの歴史を有する図書館。一般の人の利用は、資料利用を目的とし、事前に資料を特定した上で平日のみ利用可能。予約をすれば建物見学可。

住 東京都文京区本郷7-3-1　☎03-5841-2646　開８：30〜22：30（8月・3月は〜21：00）、土・日・祝日は９：00〜19：00（8月・3月は〜17：00）　休HPのカレンダーを参照

印刷博物館ライブラリー

印刷関連の資料が揃う

印刷博物館内にある図書室。印刷を中心に、出版、広告、文字、活字、アート＆デザイン、版画、インキ、紙、製本などに関連する書籍と雑誌を約７万冊所蔵（閉架）している。

住 東京都文京区水道1-3-3 トッパン小石川ビル　☎03-5840-2300　開10：00〜18：00　休月曜（祝日にあたる場合は翌日）、年末年始、印刷博物館の展示替え期間

建築　カフェ　立地　子どもにやさしい　マニアック　NEW　注目の取り組み

旅の図書館

観光情報の収集や旅行の下調べに

（公財）日本交通公社が運営する観光の専門図書館。旅のガイドブックから、観光関連の学術誌、観光統計資料のほか、古書、時刻表、機内誌まで、いろいろな観光関連の資料が揃う。

(住)東京都港区南青山２-７-29 日本交通公社ビル　☎03-5770-8380　(開)10：30〜17：00　(休)土・日曜、祝日、第４水曜、年末年始　※そのほかはHPを参照

文京区立小石川図書館

遠方からもファンが訪れる

前身の「東京市立小石川簡易図書館」は明治43（1910）年開設と歴史が古く、音楽資料が充実。館内にて試聴可能なレコードや楽譜などのコレクションを求め、遠方から訪れる人も。

(住)東京都文京区小石川５-９-20　☎03-3814-6745　(開)９：00〜21：00（日・祝日・12／29は〜19：00）　(休)第３月曜（祝日にあたる場合は翌日）、12／30〜１／４、特別整理期間

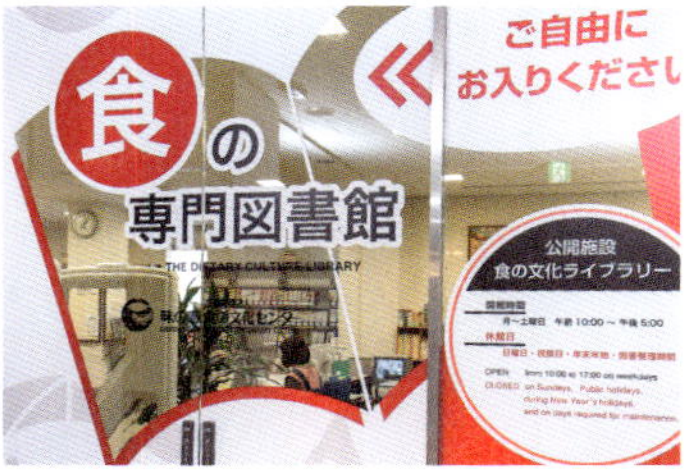

リニューアルオープンした図書館併設の展示室（2F・常設展）には再現料理サンプルも。

所蔵されている『料理の友』大正３（1914）年号の表紙。

味の素 食の文化ライブラリー

食の専門図書館

味の素食の文化センター内にある図書館。食文化に関する書籍、雑誌、学術論文、映像資料などが揃い、まさに「食の専門図書館」。古くは江戸時代の資料から、レシピ本、エッセイ、マンガまでも網羅した約４万冊を所蔵。中流家庭の女性向けに大正２（1913）年に創刊された月刊誌『料理の友』のコレクションは圧巻。

(住)東京都港区高輪３-13-65 味の素グループ高輪研修センター内　☎03-5488-7319　(開)10：00〜17：00　(休)日曜、祝日、年末年始、図書整理期間、臨時休館日

A展示室：モリソン書庫。B シーボルトゆかりの植物が植えられた庭園を眺めながら食事ができるレストランも併設されている。

東洋文庫

世界5大東洋学研究図書館のひとつ

東洋学研究の専門図書館。日本・中国のほか、東アジア、シベリア、中央アジア、インド、東南アジア、西アジア、北アフリカなど、広くアジア諸地域の歴史文献資料が集められている。世界5大東洋学研究図書館のひとつに数えられる。閲覧室の利用は研究者が中心となるが、一般向けにも蔵書の一部をテーマ別にミュージアムで公開している。

㊟東京都文京区本駒込2-28-21 ☎03-3942-0122 ㊐9：30〜16：30（閲覧室の利用） ㊡火・日曜、祝日、12／26〜1／5 ※ミュージアムの利用 ㊐10：00〜19：00 ㊡火曜、12／30〜1／2、展示替え期間

建築　カフェ　立地　子どもにやさしい　マニアック　NEW　注目の取り組み

公益財団法人 大宅壮一文庫

日本で初めての雑誌専門図書館

評論家大宅壮一が遺した20万冊の蔵書を中心に約80万冊を所蔵。明治時代から現在まで130年以上経った雑誌コレクションと独自の雑誌記事索引を引き継ぎ、公開している。

(住)東京都世田谷区八幡山３-10-20　☎03-3303-2000　(開)10：00～18：00（閲覧受付は17：15まで）　(休)日曜、祝日、12/29～1/4

写真：公益財団法人 野球殿堂博物館

野球殿堂博物館図書室

野球関連の資料が揃う

日本初の野球専門博物館「野球殿堂博物館」の図書室。1988年に東京ドーム内へ移転した。プロ、アマ問わず野球に関する書籍、雑誌などを約５万冊収蔵している。

(住)東京都文京区後楽１-３-61　☎03-3811-3600　(開)10：00～18：00（10～２月は～17：00）　(休)月曜（祝日、東京ドーム野球開催日、春・夏休み期間中は開館）、12/29～1/1

写真提供：石黒写真研究所

多摩美術大学八王子図書館

美しい建物を見に訪れてみたい

多摩美術大学の環境デザイン学科客員教授、伊東豊雄氏の設計。ガラスとコンクリート壁面が一体化した外観の斬新な建築。美術･デザイン･建築等の分野を中心に約20万冊の資料を収蔵。

(住)東京都八王子市鑓水２-1723　☎042-679-5609　(開)９：00～20：30（土曜、夏季休業中、そのほか短縮開館～17：00）　(休)ＨＰのカレンダーを参照　※満18歳以上であれば一般の人も一部利用可能

世田谷美術館アートライブラリー

緑豊かな砧公園の一角に

世田谷美術館内の専門図書室。美術館が収蔵する素朴派をはじめ、国内外の近現代の作家、世田谷にゆかりのある作家の画集やカタログなどを所蔵。資料は約2,000冊。

(住)東京都世田谷区砧公園１-２ ２Ｆ　☎03-3415-6011　(開)10：00～18：00（入室は閉館15分前まで）　(休)月曜（祝休日にあたる場合は翌平日）、12/29～1/3、特別整理期間

立川まんがぱーくでは、床のほとんどの部分が畳敷きに。小さな机や座布団、押入れのような空間もあり、寝転がったりくつろぎながらマンガを楽しめる。

立川まんがぱーく

約4万冊のマンガと 1,000冊の絵本が楽しめる

立川市旧市庁舎をリニューアルした「子ども未来センター」の２Ｆにオープン。歴史に残る名作から、バラエティ作品、勉強に役立つ学習マンガまで、幅広いマンガ作品を集めている。出版社や掲載誌ごとではなく、ジャンル別に棚に収蔵しているため、分野ごとの作品を見つけやすい。また入館料のみで、時間制限なく利用できるのもうれしい。

㊟東京都立川市錦町３－２－26 子ども未来センター２Ｆ　☎042-529-8682　㊏10：00～19：00（土・日・祝日は～20：00）※入館は閉館１時間前まで　㊡無休

書架にある約6,000タイトルの雑誌の最新１年分と資料約８万2,000冊を自由に閲覧できる。

東京都立多摩図書館

圧巻の雑誌コレクション

都立中央図書館と役割を分け、雑誌の特性を活かした「東京マガジンバンク」と子どもの読書活動を推進するための児童・青少年資料サービスを２つの柱としている。雑誌は一般雑誌から学術雑誌まで約１万8,000誌を揃え、創刊号コレクションの充実ぶりには定評が。ゆったりとした閲覧席には読書灯が備えられ、落ち着いて過ごせるのもいい。

㊟東京都国分寺市泉町2-2-26 ☎042-359-4020 開10：00～21：00（土・日・祝日は～17：30） ㊡HPのカレンダーを参照

❸渋谷区立笹塚こども図書館

絵本や児童書、子育てに関する図書などが置かれた、子どものための図書館。壁や床に絵が描かれていたり、花の形の机があったり、居場所として楽しい空間です。渋谷区の他の図書館は、利用者が自分で貸出手続きができる「自動貸出機」を設置しているのですが、笹塚こども図書館だけは置かずに、子どもと職員さんのふれあいを大切にしています。

❹東久留米市立中央図書館

最近はあちこちの図書館でイベントが行われていますが、中でもイベントの企画力が光るのが、東久留米市立中央図書館。たとえば、地域のことを調べてウィキペディアを更新するイベント「ウィキペディアタウン」を開催。自分の住む地域を知ったり、図書館の資料の使い方や発信のルール、メディアリテラシーなどを学んだりする機会を提供しています。

❺檜原村立図書館

東京都で島嶼部を除いて唯一の村、檜原村の図書館。ヒノキや杉などの地場産材をふんだんに使った木造建築で、図書館の入口で靴を脱ぎ、フローリングの床に上がるようになっています。図書館の裏には川が流れており、そのせせらぎや鳥のさえずりなども聞こえてきて、まさに「森の中の図書館」。心地よい空間でリラックスしながら読書ができます。

Comment

図書館はどこも同じと思われがちですが、実際にはそれぞれ個性が。
家探しをしているときに、最寄りの図書館を覗いてみたら、
どんな地域か知るヒントが見つかるかもしれません。
また、最近は図書館主催で、参加者同士が交流するイベントも増えていて、
それに行くことで、地域の人と知り合うきっかけにもなります。

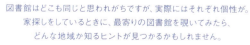

図書館のプロに聞く おすすめ図書館 ［東京編］

竹内庸子さん

2005年より「東京図書館制覇！」サイトを運営。東京都の公立図書館の訪問記のほか、

「平日に遅くまで開館している図書館リスト」など、独自の東京の図書館ランキングやリストを掲載。

東京図書館制覇！ https://tokyo-toshokan.net/

東京各地の図書館の訪問記が綴られた「東京図書館制覇！」というサイトを運営している竹内庸子さん。利用者の目線で図書館の雰囲気から本の配置まで観察したレポートは読み応え満点。軽い気持ちで図書館めぐりを始めたという竹内さんですが、3年かけて、なんと東京23区の区立図書館をすべて制覇。今では23区外の図書館にも足を延ばしています。

そんな竹内さんに、東京でのおすすめ図書館をお聞きしました。

❶荒川区立ゆいの森あらかわ

荒川区立中央図書館、吉村昭記念文学館、子どもひろばが一体化した複合施設。各エリアの境目がなく、子どもの居場所と図書館が融合した、ユニークな場となっています。他の人の会話も聞こえてくるのですが、それがうるさくならないように設計されており、ほどよい活気が生まれています。誰かと一緒に行って、話しながら本を選びたくなります。

❷新宿区立大久保図書館

新宿区の大久保周辺は、外国人居住者がとても多い地域。大久保図書館では英語や韓国語からネパール語まで、外国語の図書が充実。さらに日本人と外国人がおすすめの本を紹介しあう「ビブリオバトル・インターナショナル・オオクボ」も定期的に開催しています。国際的な文化交流の場となっている図書館です。

BEST5

▶p104

- ❶**荒川区立ゆいの森あらかわ** 自然なざわめきが心地いい！ 誰かと一緒に行きたくなる図書館
- ❷**新宿区立大久保図書館** 様々な言語の本が充実。外国文化に興味がある人におすすめ
- ❸**渋谷区立笹塚こども図書館** 子どもが喜ぶ仕掛けがいっぱい！ 交流を重視した図書館
- ❹**東久留米市立中央図書館** 図書館での「体験」の幅が広がる、独自のユニークなイベントに注目
- ❺**檜原村立図書館** 豊かな自然に囲まれた、木の温もりいっぱいの図書館

写真提供：（株）エスエス　加藤俊彦

大和市立図書館 大和市文化創造拠点「シリウス」

開館から1年8カ月で来館者が500万人突破！

「全館図書館」をうたい、1F〜5Fまでずらりと本を配置。館内のどこでも自由に飲み物を片手に読書ができる。4Fの「健康都市図書館」では、健康関連の本を取り揃え、「健康テラス」では、毎日講座やイベントを行うなどの健康が気になる世代へ向けた積極的な取り組みも。3Fの「こども図書館」には絵本が豊富に揃い、「屋内こども広場」が併設されるなど子育て世代に向けたサービスも充実。

(住)神奈川県大和市大和南1－8－1　☎046-263-0211　(開)9：00〜21：00（日・祝日は〜20：00、こども図書館は〜19：00）　(休)12／31〜1／1

A 3Fの「こども図書館」　B 4Fの「健康都市図書館」

撮影：笠木靖之

横浜美術館 美術情報センター

美術の専門図書館

国内外の様々な美術雑誌から、研究者のための専門書まで、美術に関する資料が幅広く揃う。約11万冊の図書資料と、約580タイトルの映像資料を所蔵し、無料で閲覧できる。

(住)神奈川県横浜市西区みなとみらい3－4－1　☎045-221-0300　(開)10：00〜18：00（入室は17：30分まで）　(休)木曜、年末年始　※そのほかの休館日はHPを参照

ものづくり情報ライブラリー 神奈川県立川崎図書館

全国有数の社史コレクション！

いろいろなジャンルの会社史・経済団体史などを開館時からコレクションしている珍しい図書館。約1万9,000冊を所蔵。

(住)神奈川県川崎市高津区坂戸3－2－1 KSP西棟2F　☎044-299-7826　(開)9：30〜19：30（土・祝休日は〜17：30）　(休)日曜　※祝日の場合を含む、毎月第2木曜（館内整理日）、年末年始

4Fの「キッズ・ライブラリー」フロアのテラスは家族連れに喜ばれている。

写真:ナカサ&パートナーズ

海老名市立中央図書館

書店と図書館が共存

図書館の建物の1Fと4Fに蔦屋書店が入っており、文房具や雑貨も販売。1Fは「Library&Café」フロアとして、スターバックス コーヒーも入っている。カフェには図書館の本や書店の本を持ち込め、書店や図書館エリアに飲み物を持ち込むことも可能。4Fは「キッズ・ライブラリー」フロアとなっており、児童書や絵本などが充実。

(住)神奈川県海老名市めぐみ町7-1 ✆046-231-5152 (開)9:00〜21:00 (休)無休

富士山ライブラリー

富士山関連の資料を収蔵

世界遺産登録された富士山を守り伝えるための拠点施設として2017年に「静岡県富士山世界遺産センター」がオープン。建物前面に設けられた水盤には建物の象徴である逆さ富士が映されている。付属する図書室には、富士山の信仰や芸術など富士山と世界遺産に関する文献を収蔵。図書、雑誌、DVD、データベースなどが利用可能。

(住)静岡県富士宮市宮町5-12 静岡県富士山世界遺産センター内 ✆0544-21-3220 (開)9:00〜16:00(12:00〜13:00は休み) (休)第3火曜、施設点検日

写真提供:静岡県富士山世界遺産センター

図書館１Ｆにあるカフェ「Liber」。無線LANの環境も整い、本を持ち込めるのもうれしい。

山梨県立図書館

甲府駅前の新たなランドマーク

写真:川澄・小林研二写真事務所

2012年に新築移転した比較的新しい図書館。県立図書館でありながら県庁所在地の甲府駅北口から徒歩３分という駅前立地でアクセス抜群。イベントスペースやホールも備え、文化的複合施設の役割も担う。子どもの本のコーナーや山梨県について調べるコーナーも充実している。同じ建物の中にカフェも。明るく開放的な建物は駅前の新たなランドマークに。

(住)山梨県甲府市北口２-８-１　✆055-255-1040　(開)９：00〜20：00（土・日・祝日は〜19：00、交流エリアは〜21：00）　(休)HPのカレンダーを参照

小布施町立図書館 まちとしょテラソ

広場のように人が集う図書館

様々な趣向が凝らされた建物と空間は一見の価値あり。日本図書館協会建築賞受賞（2012）。

(住)長野県上高井郡小布施町小布施1491-2　✆026-247-2747　(開)９：00〜20：00（８／13〜16は〜17：00）　(休)火曜（祝日にあたる場合は開館）、12／29〜１／３、特別整理日

木曽町図書館

木曽郡で初めての図書館が誕生！

木曽町交流センター内に2017年9月オープン。木曽らしくをモットーとし、「木と職人技」を活かした明るい雰囲気の空間が広がる館内。町民の交流や自主的な活動を生む場所に。

(住)長野県木曽郡木曽町福島5129　✆0264-23-2030　(開)10：00〜18：00（土・日は〜17：00）　(休)火曜、祝日、毎月最終木曜、12／28〜１／４、蔵書点検期間（年間10日程度）

新潟市立中央図書館 ほんぽーと

子どもも大人も長時間過ごしたくなる

館内にコンシェルジュを配置し、来館者への案内サービスを充実。乳幼児連れでも気兼ねなく利用できる「赤ちゃんタイム」をはじめ、子育て世代にうれしい工夫がされ、休日は多くの家族連れや来館者で賑わう。新潟ゆかりのマンガ家を中心とした約9,500冊のマンガコーナーも人気。日本図書館協会建築賞受賞（2010）の建物も注目。

㊟新潟県新潟市中央区明石２-1-10　025-246-7700　㊐10：00～20：00（日・祝日は～17：00）　㊡第２金曜、図書整理日（第１水曜）、12／29～1／3、蔵書点検期間

A焼き立てパンを提供する館内のカフェからはパンとコーヒーの香りがほんのり漂う。　Bこどもとしょかん

十日町情報館

映画『図書館戦争』のロケ地にも

「新しい形の図書館」として、ホール、ギャラリー、集会室なども備える複合施設になっている。河岸段丘をイメージしたという内部空間は面白い構造。スロープがつなぐステップフロアの壁面には書棚が続き、上階から下を覗くと本棚で囲われた迷路のようにも見える。映画『図書館戦争』のロケ地に使用されたことから関連グッズも置かれていて楽しい。

㊟新潟県十日町市西本町２-1-1　025-750-5100　㊐9：00～19：00　㊡第４月曜、12／29～1／3、特別整理期間

豪雪地帯という土地柄に配慮した建物。

A１Ｆから２Ｆへのロビー吹き抜け　B児童図書フロア・ふれあい交流ルーム　CD４Ｆの閲覧席

富山市立図書館本館

美しい造形に囲まれる居心地のいい空間

隈研吾氏設計の複合施設「TOYAMAキラリ」内に富山市ガラス美術館などに併設する形で2015年にリニューアルオープン。地元産のムク材が使われた館内には、木の温かみと光が織りなす開放的な空間が広がる。居心地がよく、市電西町電停から徒歩1分、グランドプラザ前電停より徒歩２分とアクセスも抜群！ 近所にほしいと思わせる魅力的な図書館。

㊟富山県富山市西町５－１　☎076-461-3200　㊒9：30～19：00（金・土は～20：00、3F児童図書フロア、５Ｆ特別コレクション室は～18：00、１Ｆ情報コーナーは7：00～20：00）　㊡第１水曜（祝日にあたる場合は翌日）、年末年始、蔵書点検期間

建築 カフェ 立地 子どもにやさしい マニアック NEW 注目の取り組み

金沢市立
金沢海みらい図書館

個性的な白い建物は
地域のランドマーク

アメリカのサイト「Flavorwire」で「世界で最も美しい公共図書館ベスト25」に選ばれたことも。

写真提供:金沢海みらい図書館

6,000個の丸窓を配した斬新なデザインの建物は国内外から注目を浴び、話題に。2013年の日本図書館協会建築賞や2012年のグッドデザイン賞など多数の受賞歴あり。図書館以外にもホールや集会室などを備え、地域の教育文化の発信拠点としての役割も。

(住)石川県金沢市寺中町イ1-1 ☎076-266-2011 (開)10：00～19：00（土・日・祝日は～17：00） (休)水曜（祝日・振替休日にあたる場合は開館）、特別整理期間（6月第1月曜～翌々日、11月の最終月曜～翌金曜）、12／29～1／4

金沢21世紀美術館アートライブラリー

金沢観光の途中に
ぜひ訪れたい

金沢の観光スポット、兼六園の隣に位置する金沢21世紀美術館内の図書室。現代美術を中心に建築、ファッション、音楽、デザイン、ダンス、写真、映画関係の書籍や雑誌などの資料を収蔵している。アーティストの作品集、国内外のカタログ、絵本なども揃え、視聴覚資料も閲覧可能。近くには石川県立美術館もあるので、観光の途中に立ち寄るのもおすすめ。

(住)石川県金沢市広坂1-2-1 ☎076-220-2800 (開)10:00～18:00（金・土は～20:00） (休)月曜（休日にあたる場合は翌平日）、年末年始、特別整理期間

ガラスが多用された建物には展示室やカフェ、ライブラリーがほぼ水平方向に配置され、街のような広がりが。

撮影:渡邉修(上)、池田ひらく(下) 写真提供:金沢21世紀美術館

A天井から吊るされた筒状の昇降幕「パオ」　B書架スペースの奥に見える「ブックタワー」

学びの杜ののいち カレード（野々市市立図書館）

万華鏡をイメージした複合施設

図書館と市民学習センターの機能が融合した「学びの杜ののいちカレード」が2017年に新しくオープン。国内で初めて設置されたという高さおよそ9メートルの書架「ブックタワー」は話題を集めた。児童図書スペースの「パオ」には同市出身のアニメーション映画監督米林宏昌氏によって、この図書館のために描き下ろされたイラストが展開されており、世界へと想像力がかき立てられる。

㊟石川県野々市市太平寺4-156　✆076-248-8099　㋺9：00〜22：00　㊡水曜、12／29〜1／3、特別整理期間

建築　カフェ　立地　子どもにやさしい　マニアック　NEW　注目の取り組み

シニア世代に関心の高い分野の本を特集する「いきいきライフ応援コーナー」など注目の取り組みが。

福井県立図書館

個人貸出冊数が6年連続全国1位！

福井県文書館、福井県ふるさと文学館を併設。2017年度の若狭図書学習センターを含む個人貸出冊数は77万冊を超え、入館者数は616,824人。日本図書館協会発表の「都道府県図書館の統計」によると、人口ひとりあたりの個人貸出冊数は6年連続全国1位！　年間で0.973冊と約1冊の本を県立図書館で県民が借りている計算に。

(住)福井県福井市下馬町51-11　0776-33-8860　(開)9：00〜19：00（土・日・祝日は〜18：00）※GW、夏休み期間の月曜、12／28、1／4は臨時開館9：00〜18：00）　(休)HPを参照

多治見市図書館

美濃焼関連の資料が充実

陶磁器資料の収集に力を入れており、地元若手作家の発表の場として、書棚を改造した「tanaギャラリー」というコーナーを常設。作家の作品と、作家が影響を受けた本を展示している。

(住)岐阜県多治見市豊岡町1-55　0572-22-1047　(開)10：00〜20：00（土・日・祝日は〜18：00）　(休)月曜、図書整理日、12／28〜1／4

高山市図書館「煥章館《かんしょうかん》」

飛騨高山のランドマーク

飛騨高山の観光名所でもある「古い町並み」の周辺に位置する図書館。明治時代の建築様式「擬洋風」で建てられた建物は、特徴的で親しみやすく、町のランドマーク的存在になっている。

(住)岐阜県高山市馬場町2-115　0577-32-3096　(開)9：30〜21：30　(休)図書整理日の月末日（土・日・祝日にあたる場合はその前日）、図書蔵書点検日（11月第4日曜〜7日間）、12／31〜1／3

「みんなの森 ぎふメディアコスモス」の建物は、岐阜の山々の稜線を思わせる形状の木造格子屋根が特徴的。

岐阜市立中央図書館
みんなの森
ぎふメディアコスモス

本の森へと誘うグローブ

複合施設「みんなの森 ぎふメディアコスモス」内に図書館があり最大所蔵可能数90万冊、座席数910席を誇る。館内の美しいインテリアはフォトジェニックと図書館好きに話題。エリアをやさしく包み込む「グローブ」は、やわらかな光が回るムーディな空間になっている。さらにはグローブを中心に渦を巻くように書棚が配置され、本の森へと誘われる。

住 岐阜県岐阜市司町40-5　☎058-262-2924　開 9：00～20：00　休 毎月最終火曜（祝日にあたる場合は翌日）、年末年始

建築　カフェ　立地　子どもにやさしい　マニアック　NEW　注目の取り組み

各階には「でん」と呼ばれるガラス張りの小部屋があり、閲覧席はスツールを含めて870席と豊富。

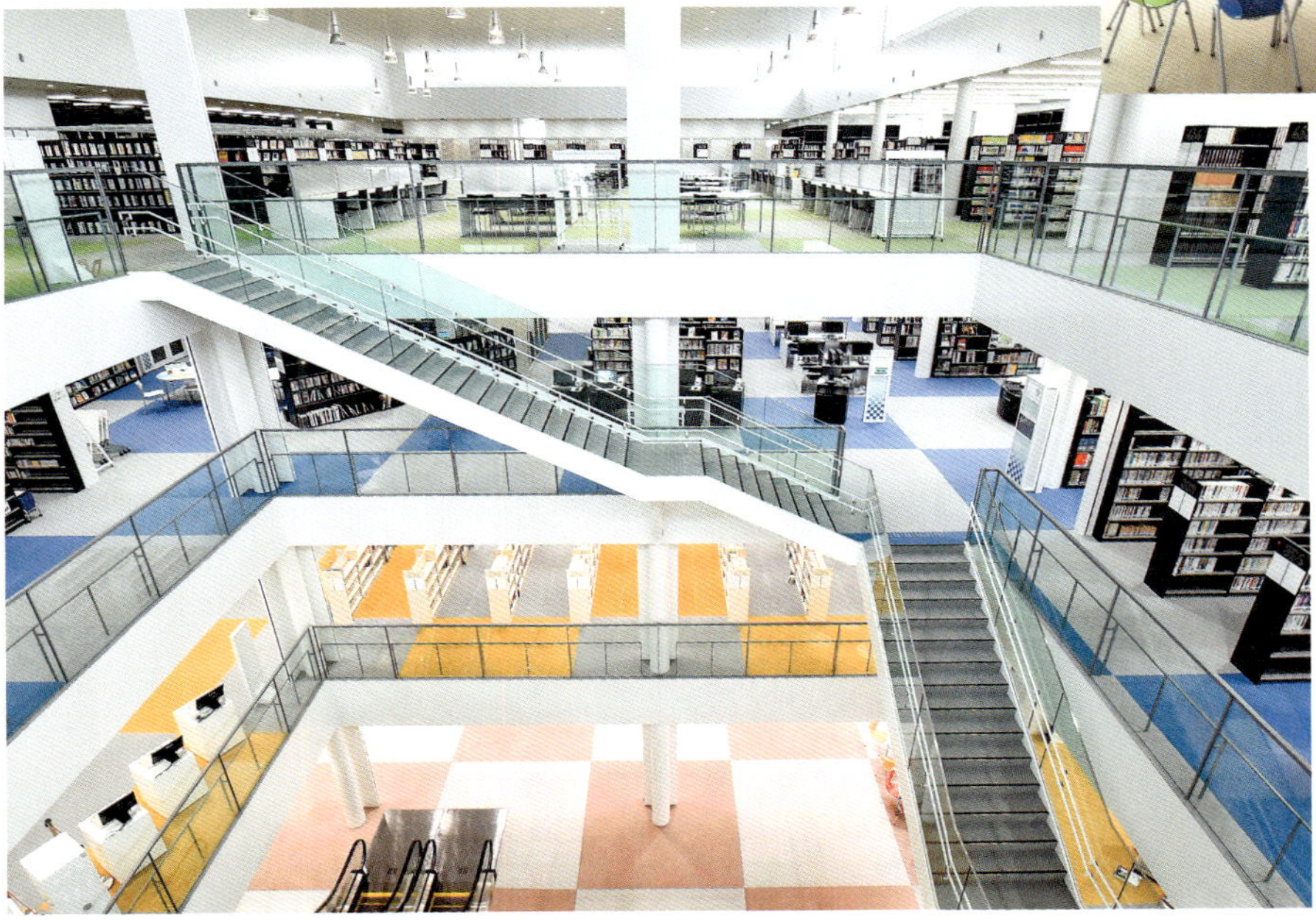

安城市図書情報館

多彩な読書スペースが楽しい

複合施設「アンフォーレ」内に2017年オープン。賑わい創出と市民交流をコンセプトに図書館内でも原則会話と飲食可。赤ちゃん連れも気兼ねなく来館でき、あらゆる世代で賑わう。2Fには『ごんぎつね』などの代表作がある安城市ゆかりの童話作家・新美南吉を紹介する畳敷きの小上がりスペース「なんきちさんのへや」が。1Fのカフェではオーガニックコーヒーや地ビールの販売も。エントランスや広場ではマルシェなど多彩なイベントも開催。

㊟愛知県安城市御幸本町12-1　☎0566-76-6111　㊐9：00～20：00（土・日・祝日は～18：00）　㊡火・第4金曜、年末年始、特別図書整理期間

2F「子どものフロア」は児童書や絵本に加え、子育て・育児関連本なども充実。定期的におはなし会を開催する「でんでんむしのへや」、0～3歳児向けの交流スペース「つどいのへや」など親子で楽しめる設備も。

図書館プロジェクトも実現させています。

❸恩納村文化情報センター（沖縄県）

恩納村は、ホテルが立ち並ぶ一大リゾート地。2Fの図書情報フロアは誰でも利用登録できるので、観光客が雨の日などに本を借りたり、夏休みに旅行中の子どもが自由研究用の本を借りたりして、帰宅後に郵送で返す、といったケースも。

❹気仙沼図書館（宮城県）

東日本大震災で被災し、2018年3月に現地再建した図書館。震災前の景観を保つために、旧館の敷地にあったスズカケノキが残されています。児童図書エリアと併設の児童センターがシームレスにつながっており、子どもたちが遊べる造りに。カフェなどもあり、住民が家族で訪れる憩いの場にもなっています。

❺伊万里市民図書館（佐賀県）

市民が図書館の設計から関わり、ボランティアが活動を支援する、市民主体の図書館。高齢者などに向けて囲碁や将棋ができるソファ席をつくる等、様々な年代の利用者が滞在しやすいように工夫が凝らされています。その結果、高齢者が若者と囲碁をして交流するなど、地域の人がつながる場にもなっています。

ここで挙げた以外にも、東京の「武蔵野プレイス」（p28）、岩手の「紫波町図書館」（p58）なども、先駆的な取り組みをしている注目の図書館です。

Comment

最近は図書館をつくる際に、住民にヒアリングしたり、
ワークショップを行ったりするケースも増えています。
そういう機会があったら、参加してみては？
自分の街をどういう街にしたいのか、そこにはどんな図書館が必要なのか、
という視点を持つ人たちがつながれば、街のニーズに合った図書館ができるはずです。

図書館のプロに聞く おすすめ図書館

［地方編］

猪谷《いがや》千香さん

文筆家。新聞社などを経たのち、現在は弁護士ドットコムニュースに勤務。
著書に『つながる図書館』（筑摩書房）、『町の未来をこの手でつくる』（幻冬舎）ほか。
図書館、育児と社会などをテーマに活動を行っている。

東日本大震災後、早い段階で図書館を復興させようとする動きが起こったことをきっかけに、図書館の存在に興味を持つようになった猪谷千香さん。取材を始めるうちに、全国の図書館で様々な動きが起きていることに気づいたそうです。

猪谷さんは、指定管理者制度*の施行や、司書資格がなくても図書館長になれるようになったことなどをきっかけに、図書館のサービスが充実したり、多様な図書館が増えていると分析。全国の図書館を取材し、その取り組みを紹介しています。

そんな猪谷さんに、注目の図書館を教えていただきました。

＊指定管理者制度
図書館などの公の施設について、
管理、運営を民間企業やNPO法人などにも認める制度。
2003年の地方自治法改正に伴い導入された。

❶岐阜市立中央図書館 みんなの森 ぎふメディアコスモス（岐阜県）

従来の図書館は静かにしていなくてはいけない空間で、子連れで行きにくい場所でしたが、ここは「子どもの声は未来の声」という理念が掲げられ、子どもが少し声を出しても、温かく見守ってほしいというメッセージを打ち出しています。

❷指宿図書館・山川図書館（鹿児島県）

元図書館ボランティアを中心に、地元の女性たちが立ち上げたNPOが運営。指宿駅の足湯で指宿昔話の紙芝居を観光客に披露する等、ユニークな取り組みを行っています。その奮闘ぶりを見ていた住民からも応援されるようになり、クラウドファンディングで資金を集め、移動

BEST5

▶p124

❶岐阜市立中央図書館 みんなの森 ぎふメディアコスモス 親子や子どもがのびのびできる子どもの成長を見守る図書館

❷指宿・山川図書館 地元の女性たちが図書館運営に挑戦。地域から愛される図書館に

❸恩納村文化情報センター 観光客でも本を借りられる!? リゾート地ならではのサービスに注目

❹気仙沼図書館 震災で失われた日常を取り戻し、子どもたちの未来へつなぐ図書館

▶p139

❺伊万里市民図書館 長時間滞在したくなる工夫が満載で、市民の居場所＆交流の場に

▶p137

京都府立図書館

明治時代開館の歴史のある建物

著名な建築家の武田五一氏が明治42（1909）年に設計したレンガ造りの建物をリノベーションして2001年新館に。観光情報の収集にも便利。

(住)京都府京都市左京区岡崎成勝寺町　☎075-762-4655　(開)9：30～19：00（土・日・祝日は～17：00）　(休)月曜（祝休日は開館し、翌日休館）、第４木曜（祝日は開館）、12／28～１／４、特別整理期間

桑名市立中央図書館

光が注ぐ明るい読書コーナー

桑名駅から徒歩６分ほどの複合施設「くわなメディアライヴ」にありアクセス至便。晴れた日には風や緑を楽しめるオープンテラス「天空の庭」での読書がリラックスできると人気。

(住)三重県桑名市中央町３-79　☎0594-22-0562　(開)9：00～21：00　(休)水曜、特別整理期間、12／28～１／３

京都国際マンガミュージアム

元龍池小学校の校舎を活用

マンガ資料の収集・保管・公開を中心に、博物館機能と図書館的機能をあわせ持つ新しいスタイルの文化施設。昭和初期建造の元龍池小学校の校舎を活用した建物は、レトロモダンな雰囲気。

(住)京都府京都市中京区烏丸通御池上ル　☎075-254-7414　(開)10：00～18：00（入館は閉館の30分前まで）　(休)水曜（祝休日にあたる場合は翌日）　※そのほかはHPを参照

甲良《こうら》町立図書館

レトロでノスタルジックな雰囲気

旧甲良東小学校の建物を移築・再利用しており、総ヒノキ造りの懐かしい雰囲気。ノスタルジックな館内は温もりを感じさせ、落ち着いてゆったりとした時間を過ごせる。

(住)滋賀県犬上郡甲良町大字横関927　☎0749-38-8088　(開)10：00～18：00（土・日は～17：00）　(休)月・火曜、祝日（祝日が火曜にあたる場合は翌日）、第３日曜、年末年始、特別整理期間

神戸市立東灘図書館

アロマが香る読書スペースも

靴を脱いで楽しめるカーペットコーナーや授乳室など親子連れにうれしい設備が充実。2Fには鳥や川のせせらぎの音が流れアロマの香る空間も。様々な読書スタイルで過ごせるのも○。

(住)兵庫県神戸市東灘区住吉東町２-３-40　078-858-8773　(開)10：00～20：00（日・祝日は～18：00）　(休)月曜（祝休日にあたる場合は翌平日）、12／29～１／３、蔵書点検期間

奈良県立図書情報館

全国初のビブリオバトル開催

奈良県の歴史と文化の伝承と創造の発信メディアとして、様々なイベントを実施。また「想いをかたちにする場」としての役割も。2011年に公立図書館では初のビブリオバトルを開催。

(住)奈良県奈良市大安寺西１-1000　0742-34-2111　(開)９：00～20：00　(休)月曜（祝日、振替休日にあたる場合は翌平日）、毎月末日（土・日・月曜にあたる場合はその前の平日）、12／28～１／４

赤穂市立図書館

忠臣蔵や赤穂義士に関する本も充実

2002年開館の建物は同年にグッドデザイン賞を受賞。１Ｆの開架スペースはかつての塩田をイメージして設計された。「おはなしのへや」には草間彌生氏による〝水玉の銀河〟装飾もあり。

(住)兵庫県赤穂市中広907　0791-43-0275　(開)10：00～18：00（金曜は～20：00）　(休)月曜（祝日にあたる場合は翌日）、第４木曜（図書館整理日・祝日にあたる場合は翌日）

洲本市立洲本図書館

歴史的価値ある建物を活用

淡路島の明治時代の旧鐘紡洲本工場跡地の再開発とともに工場の煉瓦塀や煉瓦壁を活用して設計された趣のある図書館。2007年には「近代化産業遺産」にも認定され、数々の建築賞を受賞。

(住)兵庫県洲本市塩屋１-１-８　0799-22-0712　(開)10：00～18：00（７・８月は～19：00）　(休)月曜（祝日にあたる場合は翌平日）、館内整理日、年末年始、特別整理期間

AB「おはなしのへや」など小さな子どももゆっくりと楽しめる設備がうれしい。 C「ラウンジ」コーナーの窓からは明石城の櫓《やぐら》が望め、ゆっくり過ごせると利用者に人気。

あかし市民図書館

2017年の移転とともに来館者急増!

駅前ビルに移転したアクセス便利な新しい図書館。商業施設、自治体窓口、図書館、子育て支援施設とマンションが一体した複合施設となっている。そのほか子ども健康センターや、書店、飲食店など公共施設と商業施設を集約。開館30日目にして図書館単独での来館者は10万人を達成! 地域の人々に親しまれ、暮らしや文化の中心となっている。

㊟兵庫県明石市大明石町1-6-1 4F
078-918-5800 ㊐10：00〜21：00（土・日・祝日は〜19：00） ㊡HPのカレンダーを参照

建築　カフェ　立地　子どもにやさしい　マニアック　NEW　注目の取り組み

児童文学関係資料の収集や保存、活用などを行う国際児童文学館も併設。

大阪府立中央図書館

蔵書数日本一の公立図書館

中央図書館(約210万冊)と児童文学館(約70万冊)合わせて約280万冊の蔵書数を誇る自治体最大級の図書館。隣接する東大阪市の春宮公園と敷地内の緑地が一体化する美しい景観は、第17回大阪まちなみ賞奨励賞を受賞。館内も音と香りによる空間演出など、新しい図書館のイメージづくりを狙う。館内で香るアロマは独自の調合で、四季に合わせて変化。食堂やカフェでは地産地消食材など新鮮な素材にこだわっている。

(住)大阪府東大阪市荒本北1-2-1　06-6745-0170　(開)9：00～19：00（土・日・祝日は～17：00）　(休)月曜　※そのほかはHPを参照

池田文庫

宝塚歌劇を調べるならココ

昭和24(1949)年開館。宝塚文芸図書館の蔵書・資料類を引き継ぎ、阪急電鉄資料と宝塚歌劇に関する資料を網羅的に収集。現在の蔵書数は、図書・雑誌あわせて約24万冊。

(住)大阪府池田市栄本町12-1　072-751-3185　(開)10：00～17：00　(休)月曜（祝日・振替休日にあたる場合は翌日）、年末年始

写真：(株)アスウェル　原田嘉一

大阪府立中之島図書館

格調高く歴史のある建物

明治37(1904)年に造られた建物。設計は住友家の建築技師長だった野口孫市氏によるもの。外観はルネッサンス様式、内部はバロック様式の格調高い建築。国の重要文化財に指定。

(住)大阪府大阪市北区中之島1-2-10　06-6203-0474　(開)9：00～20：00（土曜は～17：00）　(休)日曜、祝日、3・6・10月の第2木曜、年末年始

鳥取県立図書館

ビジネス支援と地域貢献はおまかせ

県内産業を支援する情報や、仕事に役立つ情報の提供などビジネス支援が充実。市町村や学校図書館との連携など積極的な取り組みが評価され「Library of the Year」を過去に2度受賞。

(住)鳥取県鳥取市尚徳町101　☎0857-26-8155　(開)9：00〜19：00（11〜4月は〜18：30、土・日・月と祝休日は〜17：00）　(休)第2木曜、毎月末日（12月のみ28日）※そのほかはHPを参照

写真：国立民族学博物館提供

国立民族学博物館（みんぱく）図書室

国内屈指の専門性！

文化人類学・民族学の様々な研究テーマに関連した図書・雑誌・マイクロ資料など、約67万冊におよぶ資料を所蔵。国内における大学や研究機関の中でも、有数の規模の蔵書を誇る。

(住)大阪府吹田市千里万博公園10-1　☎06-6878-8271　(開)10：00〜17：00（入室は16：30まで）　(休)水・日曜、祝日、博物館休館日

海士《あま》町中央図書館

美しい四季の風景に囲まれて

離島のため、アクセスはやや不便だが、それでも行ってみたい！と思わせるのが窓の外に広がる田んぼののどかな眺め。木の温もりのある窓際席でゆっくりと過ごしてみたい。

(住)島根県隠岐郡海士町大字海士1490　☎08514-2-2433　(開)10：00〜18：00　(休)火曜（祝日にあたる場合は翌日）、特別整理期間

有田市図書館

みかん畑を眺めてリフレッシュ

ホールなどを含む複合施設、有田市民会館の2Fに2017年オープン。全面ガラス張りのため館内は明るく、読書の合間に窓の外に広がるみかん畑の景色を楽しめるのもうれしい。

(住)和歌山県有田市箕島46　☎0737-82-3220　(開)9：30〜19：00（土・日・祝日は〜17：00）　(休)火曜、図書整理日、年末年始、蔵書点検期間

岡山県立図書館

来館者数&貸出冊数日本一（都道府県立）！

高度なレファレンスサービスを目指して専任の職員を配するなど、利用者目線のサービスが充実。また児童書全点購入をはじめとする子どもにやさしい積極的な取り組みも○。

㊟岡山県岡山市北区丸の内2-6-30　086-224-1286
㊐9：00〜19：00（土・日・祝日は10：00〜18：00）
㊡月曜（祝日にあたる場合は翌日）　※そのほかはHPを参照

出雲市立ひかわ図書館

景色を愛でに図書館へ

最寄りの直江駅から徒歩25分とやや遠いけれども……広がる田園風景を求めてわざわざでも行ってみたい図書館！ 天井が高く広々とした空間の建物は、日本図書館協会建築賞を受賞。

㊟島根県出雲市斐川町直江4156　0853-73-3990
㊐10：00〜19：00　㊡月曜（祝日にあたる場合は翌平日）、月末（休館日にあたる場合は直前の平日、土・日曜にあたる場合は直前の平日）

高梁《たかはし》市図書館

地域の注目のスポットに

備中高梁駅に隣接する複合施設内の2-4Fに2017年にオープンした新しい図書館。オープン当初から注目を浴び、来館者数は1年で66万人を超えた。2Fには蔦屋書店、観光案内所が入り、スターバックス コーヒーも併設。3Fには学習室や、ゆったりとした読書席、4Fでは子育て世代にうれしいキッズスペースを備え、幅広い世代が利用する注目のスポットに。

㊟岡山県高梁市旭町1306　0866-22-2912　㊐9：00〜21：00　㊡年中無休

撮影：ナカサ&パートナーズ

4Fの読みきかせスペース。併設のテラスには遊具があり、飲食も可能。

周南市立徳山駅前図書館
周南《しゅうなん》

徳山駅周辺の活性化に一役

2018年にオープンした新しい図書館。スターバックス コーヒーを併設し地元の注目度も高い。座席は550席と充実し、Wi-Fiも完備。様々な用途に使用できる「交流室」なども。

(住)山口県周南市御幸通２-28-２　☎0834-34-0834　(開)９：30～22：00　(休)年中無休

奈義町立図書館

わざわざ訪れたい芸術と知の空間

文化の中心となるべく、奈義町現代美術館（通称「Nagi MOCA ナギ・モカ」）に併設した複合施設内の図書館。磯崎新氏設計の建物と空間は旅の目的地としてわざわざ訪れてみたい！

(住)岡山県勝田郡奈義町豊沢441　☎0868-36-5811　(開)９：30～17：00（火・木は10：00～18：00）　(休)月曜、祝日の翌日、年末年始、整理日（月１回月末近くの平日）

写真提供：男木島図書館

男木島《おぎじま》図書館

島民による島民の図書館！

瀬戸内海に浮かぶ小さな島、男木島に島民の手で誕生した私設図書館。築80年の古民家を改修した建物や、寄贈書が中心となる蔵書など、独自の取り組みに全国から注目が集まっている。

(住)香川県高松市男木町148-1　☎080-3860-8401　(開)11：00～17：00　(休)火・水・木曜

広島市まんが図書館

木かげで読書を楽しめる

マンガを中心に、マンガ文化論やマンガの描き方など、マンガ関連の本に特化した蔵書数は約15万冊。比治山公園内の緑豊かな環境にあり、申し込めば公園の木かげでの読書も可能。

(住)広島県広島市南区比治山公園１-４　☎082-261-0330　(開)10：00～17：00　(休)月曜　※そのほかはHPを確認

撮影:高橋章

美術に関連する書籍・雑誌が閲覧できる美術図書室は2Fのアートセンターに。ミュージアムホールなどもある。

丸亀市猪熊弦一郎現代美術館(MIMOCA)美術図書室

現代美術と建物を味わいに

撮影:山本糾

丸亀市ゆかりの画家、猪熊弦一郎氏より寄贈を受けた約2万点に及ぶ作品を所蔵・常設展示し、駅前美術館として地域に開き、広く親しまれている「丸亀市猪熊弦一郎現代美術館」内の図書室。設計は、世界で最も美しい美術館をつくる建築家と評される谷口吉生氏によるもの。猪熊弦一郎との対話により、アーティストと建築家の理念が細部まで具現された建築は一見の価値あり！

㊟香川県丸亀市浜町80-1　0877-24-7755　㊡10：00〜18：00（入館は閉館30分前まで）　㊡12／25〜31、および臨時休館日　※来館時は必ずHPなどで開館状況を確認

NPO法人 高知こどもの図書館

子どもの本の専門図書館

全国初の特定非営利活動法人（NPO法人）が運営する子どもの本専門の図書館。赤ちゃん絵本や中学生高校生の読み物、児童文学関連の研究書などが揃う、子どもと本をつなぐ安らぎの場。

㊟高知市永国寺町6-16　088-820-8250　㊡10：00〜18：00　㊡火・木曜、年末年始　※そのほかはHPを参照

徳島市立図書館

利便性抜群の駅前図書館

徳島駅前の商業施設「アミコビル」内でアクセスがいい上に21:00までの開館と利便性抜群。子ども連れにうれしい畳敷きの読書スペースなどもあり、買い物ついでに立ち寄りやすいのも○。

㊟徳島県徳島市元町1-24　アミコビル内　088-654-4421　㊡9：00〜21：00　㊡第1火曜、1／1、長期図書整理期間（毎年10日間以内）

豊後高田市立図書館

新旧が融合する文化シンボル

豊後高田市の「昭和の町並み」に合わせた瓦屋根の建物が、周辺の田園風景に溶け込む。県内初の電子書籍貸出や自動貸出機・返却機・予約棚や読書手帳の導入など先進的な運営も注目。

(住)大分県豊後高田市御玉101-1　☎0978-25-5115　(開)10：00〜19：00（土曜は９：00〜20：00、日・祝日は９：00〜17：00）　(休)火曜（祝日にあたる場合は翌平日）、12／29〜１／３、特別資料整理

西条市立西条図書館

緑が感じられる安らぎの空間

大きなガラス越しに、美しい水辺につながる緑豊かな町の風景が眺められる。木の温かみを感じるインテリアに包まれる館内は、森の中にいるようで落ち着く安らぎの空間。

(住)愛媛県西条市大町1590　☎0897-56-2668　(開)９：00〜22：00　(休)毎月の末日（館内整理・12月は28日）、12／29〜１／３　※そのほかはHPを参照

竹田市立図書館

幅広い世代が集う出会いの場

黒い切妻屋根と白壁の美しい建物が歴史ある城下町と調和している。館内には高い天井の下、静と動をあわせ持つ開放的な空間が広がり、高齢者から小さな子どもまでが集う憩いの場に。

(住)大分県竹田市大字竹田1979　☎0974-63-1048　(開)10：00〜18：00　(休)月・第４金曜、年末年始

宇美《うみ》町立図書館

開放的な空間で過ごすひととき

宇美川沿いの瀟洒な建物。吹き抜けのゆったりとした空間で読書を楽しめる滞在型の図書館。子どもの読書活動などにも力を注いでいる。日本図書館協会建築賞受賞（2015）。

(住)福岡県糟屋郡宇美町平和1-1-2　☎092-932-0600　(開)10：00〜19：00　(休)月曜（祝日にあたる場合は翌日）、12／29〜１／３、第４木曜、特別整理期間

伊万里市民図書館

ひとづくり・まちづくりを支える

開館前から積極的な市民参加による図書館づくりを経て、現在も運営や行事における協働のあり方が全国的に注目されている。焼きものの里ならではの魅力的なコーナーも見どころ。

㊟佐賀県伊万里市立花町4110-1　0955-23-4646　㊖10：00～18：00（金曜は～20時）　㊡月曜、国民の祝日　※そのほかはHPを参照

武雄市図書館、武雄市こども図書館

1日ゆっくり過ごしたい

蔦屋書店とスターバックス コーヒーのある図書館。併設の武雄市こども図書館には九州パンケーキカフェもあり、食事も楽しめる。イベントも多く、家族で1日ゆっくりと過ごせる。

㊟佐賀県武雄市武雄町大字武雄5304-1　0954-20-0222　㊖9：00～21：00　㊡年中無休

長崎市立図書館

環境にやさしい図書館

ユニバーサルデザインを取り入れた建物は、景観に溶け込む屋上緑化や、壁面緑化など、環境に配慮。２Ｆ閲覧室から緑越しに眺める街の風景は読書の合間のリフレッシュに○。自動貸出機やICゲート、自動仕分け機など最新システムを導入。一方で歴史に思いをめぐらして、平和の大切さを伝える存在として新旧の文化が融合された空間をつくり出している。

㊟長崎県長崎市興善町1-1　095-829-4946　㊖10：00～20：00　㊡火曜、12/29～1/4、特別整理期間

館内の吹き抜け空間に施されたステンドグラスのやわらかな光が、長崎らしさを演出。

鹿児島市立図書館

親子で楽しめる図書館

畳敷きの「あかちゃんえほんの部屋」や、英語絵本の読み聞かせ、親子のための読書教室等、子どもにやさしい取り組みが多数。幅広い世代に向けたバックヤードツアーや講座なども好評。

㊟鹿児島市鴨池2-31-18　☎099-250-8500　㊕9：30～ 21：00（土・日・祝日は～18：00）　㊡火曜（祝日にあたる場合は翌日）、年末年始（12／29～1／3）、特別整理期間

くまもと森都心プラザ図書館

「ビジネス支援センター」併設

熊本駅前の複合施設「くまもと森都心プラザ」内にあり、駅から徒歩1分とアクセス抜群。中小企業者や個人事業主を支援する「ビジネス支援センター」の全国初の併設が注目される。

㊟熊本県熊本市西区春日1-14-1　くまもと森都心プラザ3-4F　☎096-355-7401　㊕9：30～20：00（日・祝日は～18：00）　㊡第3水曜（祝日にあたる場合は翌日）、年末年始（12／29～1／4）

鹿児島県立奄美図書館

8つの島をつなぐ図書館

奄美群島日本復帰関連資料をはじめとした、奄美の自然や歴史に関する郷土資料が揃う「郷土コーナー」や「島尾敏雄記念室」が特徴的。毎週水曜日に行われるおはなし会も人気。

㊟鹿児島県奄美市名瀬古田町1-1　☎0997-52-0244　㊕9：00～19：00（日・祝日は～17：00）　㊡月曜（休日にあたる場合は翌日）

宮崎県立図書館

図書館で文化に触れよう！

宮崎県総合文化公園の一角に位置し、隣には美術館も。館内には家族連れにうれしい児童図書室もある。読み聞かせに映写会、コンサートや展示など、多彩な取り組みも。

㊟宮崎県宮崎市船塚3-210-1　☎0985-29-2911　㊕9：00～19：00　㊡月曜（祝日にあたる場合は翌日）、年末年始（12／29～1／4）、特別整理期間

恩納村 文化情報センター

図書館が絶景スポットに

海に面した図書情報フロアのリーディングカウンター。

恩納村文化情報センター2Fの図書情報フロア。リーディングカウンターでは美しい海を眺めながら読書ができる。晴れた日には3Fの展望室から伊江島を望め、絶景スポットに。1Fの観光情報フロアには恩納村をはじめ沖縄北部（やんばる）の観光と地域情報が充実しているので観光情報の収集にも○。全国誰でも本が借りられるのもうれしい。

㊟沖縄県恩納村字仲泊1656-8　☎098-982-5432　㊊10：00～19：00（観光フロアは～18：00、土・日・祝日は～17：00）　㊡月曜（祝日にあたる場合は翌日）　※そのほかはHPを参照

石垣市立図書館

日本最南端！の図書館

日本最南端の図書館。赤瓦の大きな屋根と高い天井が特徴的。沖縄の伝統的な手法を用いた建物は、第８回日本図書館建築賞受賞。街歩きついでに八重山の資料を覗いてみても。

㊟沖縄県石垣市浜崎町１－１　☎0980-83-3862　㊊10：00～19：00（土・日は～17：00）　㊡月・第４金曜、祝日、年末年始、慰霊の日

おわりに

ある土曜日の昼下がり、この本でご紹介した「武蔵野プレイス」（p28）を訪れました。
友達と宿題をする高校生、子どもの本のコーナーで楽しそうに検索の練習をしている親子、慣れた手つきで自動貸出機を使いこなすお年寄り、見晴らしのよい席でレシピ本を眺める女性、ノートパソコンを広げて仕事をしている若者……etc.
そこでは勉強や親子のコミュニケーション、読書、仕事など、多様な活動が「本」を中心として繰り広げられ、館内は活気に満ちあふれていました。

図書館というと、静かに読書や勉強をする場所、というイメージがありましたが、それだけにとどまらない、図書館の新たな可能性を感じた瞬間でした。

近年、「武蔵野プレイス」のように個性的で、ユニークな取り組みを行っている図書館が全国に続々と誕生し、評判となっています。

この本での取材を通して感じたのは、人が集まる図書館の多くが「人と本の出会い」をつくり出している、ということでした。人と本が出会うことで、課題が解決したり、暮らしが楽しくなったり、新しいことにチャレンジできたり。様々な展開が起こり、図書館や地域も、いきいきとした場所になる。そんな好循環が生まれていました。

この本では、新しい図書館の楽しみ方として、お散歩感覚で個性的な図書館に遊びに行くご提案をしています。また、あわせて周辺の魅力的なブックスポットなどもご紹介しているので、ぜひ訪れてみてください。素敵な空間で本と出会うことで、みなさまの世界が広がり、日常が豊かになれば幸いです。

また、ぜひ自分の住む地域の図書館にも目を向けてみてください。意外と便利だったり、面白い本が見つかったりするかもしれません！

図書館Index

あ

あかし市民図書館 …… 130
赤穂市立図書館 …… 129
旭山動物園 動物図書館 …… 92
味の素 食の文化ライブラリー …… 109
海士町中央図書館 …… 132
荒川区立ゆいの森あらかわ
（荒川区立中央図書館） …… 104,115
有田市図書館 …… 132
安城市図書情報館 …… 125
池田文庫 …… 131
石垣市立図書館 …… 139
出雲市立ひかわ図書館 …… 133
一関市立一関図書館 …… 93
指宿図書館・山川図書館 …… 127
伊万里市民図書館 …… 126,127,137
岩手県立図書館 …… 61,63
印刷博物館ライブラリー …… 108
宇都宮市立南図書館 …… 100
宇美町立図書館 …… 136
NPO法人高知こどもの図書館 …… 135
海老名市立中央図書館 …… 117
大阪府立中央図書館 …… 131
大阪府立中之島図書館 …… 131
大崎市図書館 …… 98
太田市美術館・図書館 …… 101
岡山県立図書館 …… 133
男木島図書館 …… 134
桶川市立駅西口図書館 …… 102
小布施町立図書館 まちとしょテラソ …… 118
恩納村文化情報センター …… 126,127,139

か

鹿児島県立奄美図書館 …… 138
鹿児島市立図書館 …… 138
金沢市立金沢海みらい図書館 …… 121
金沢21世紀美術館アートライブラリー …… 121
かまくら駅前蔵書室 …… 52,53
鎌倉市中央図書館 …… 48,49,50,56,57
紙の博物館 紙博図書室 …… 107
木曽町図書館 …… 118
北区立中央図書館 …… 106
切手の博物館 図書室 …… 105
岐阜市立中央図書館
みんなの森 ぎふメディアコスモス …… 124,127
京都国際マンガミュージアム …… 128
京都府立図書館 …… 128
くまもと森都心プラザ図書館 …… 138
桑名市立中央図書館 …… 128
気仙沼図書館 …… 126
公益財団法人 大宅壮一文庫 …… 111
公益財団法人 松竹大谷図書館 …… 107
航空図書館 …… 15
江東区立深川図書館 …… 104
神戸市立東灘図書館 …… 129
甲良町立図書館 …… 128
国際教養大学中嶋記念図書館 …… 95
国立映画アーカイブ 図書室 …… 108
国立国会図書館 …… 76-89
国立国会図書館
国際子ども図書館 …… 18,19,20,26,27
国立新美術館 アートライブラリー …… 41
国立天文台三鷹図書室 …… 33
国立民族学博物館（みんぱく）図書室 …… 132

さ

西条市立西条図書館 …… 136
渋谷区立笹塚こども図書館 …… 114,115
周南市立徳山駅前図書館 …… 134
昭和館図書室 …… 107
白河市立図書館「りぶらん」 …… 99
紫波町図書館 …… 58,59,60,61,66,67
新宿区立大久保図書館 …… 115
新宿区立下落合図書館 …… 104
洲本市立洲本図書館 …… 129
世田谷美術館アートライブラリー …… 111
仙台市民図書館 …… 97

は
函館市中央図書館 …… 92
東久留米市立中央図書館 …… 114,115
東根市図書館
東根市公益文化施設「まなびあテラス」 …… 96
檜原村立図書館 …… 114,115
広島市まんが図書館 …… 134
福井県立図書館 …… 123
富士山ライブラリー …… 117
Bookshop TOTO …… 43
文京区立小石川図書館 …… 109
豊後高田市立図書館 …… 136
ポーラ化粧文化情報センター …… 105

ま
学びの杜ののいち カレード
（野々市市立図書館） …… 122
丸亀市猪熊弦一郎現代美術館（MIMOCA）
美術図書室 …… 135
ミステリー文学資料館 …… 105
三鷹市立三鷹図書館 …… 35
水戸市立西部図書館 …… 100
みどりの図書館 東京グリーンアーカイブス …… 12,13
南相馬市立中央図書館 …… 99
宮崎県立図書館 …… 138
武蔵野市立中央図書館 …… 34
武蔵野市立ひと・まち・情報創造館
武蔵野プレイス …… 28,29,30,31,36,37
ものづくり情報ライブラリー
神奈川県立川崎図書館 …… 116

や
野球殿堂博物館図書室 …… 111
大和市立図書館
大和市文化創造拠点「シリウス」 …… 116
山梨県立図書館 …… 118
ゆうき図書館 …… 100
横浜美術館 美術情報センター …… 116

ら
陸前高田市立図書館 …… 94
六本木ヒルズライブラリー …… 42,43

た
台東区立中央図書館谷中分室 …… 23
多賀城市立図書館 …… 97
高梁市図書館 …… 133
高山市図書館「煥章館」 …… 123
武雄市図書館、武雄市こども図書館 …… 137
竹田市立図書館 …… 136
多治見市図書館 …… 123
立川まんがぱーく …… 112
旅の図書館 …… 109
多摩美術大学八王子図書館 …… 111
千葉市中央図書館 …… 102
千代田区立千代田図書館 …… 107
千代田区立日比谷図書文化館 …… 8,9,10,16,17
つがる市立図書館 …… 92
土浦市立図書館 …… 100
TRC八千代中央図書館 …… 103
鉄道博物館ライブラリー、キッズライブラリー …… 102
東京大学総合図書館 …… 108
東京都江戸東京博物館 図書室 …… 104
東京都美術館 美術情報室 …… 22,23
東京都立多摩図書館 …… 113
東京都立中央図書館 …… 38,39,40,46,47
東京文化会館音楽資料室 …… 105
東洋文庫 …… 110
十日町情報館 …… 119
徳島市立図書館 …… 135
鳥取県立図書館 …… 132
富山市立図書館本館 …… 120

な
長崎市立図書館 …… 137
奈義町立図書館 …… 134
奈良県立図書情報館 …… 129
新潟市立中央図書館 ほんぽーと …… 119

図書館さんぽ研究会

編集者・ライター・元図書館スタッフ・元書店員・デザイナー・イラストレーター・
コピーライター・ブックカフェ店員・カメラマンなどからなるチーム。
図書館と散歩と本をこよなく愛するメンバーが集い、
様々な情報を求めて日々図書館や街に出かけては情報を収集している。

本書掲載の写真につきまして
1章・2章は以下の関係各位より提供いただきました。

東京會舘、森岡書店、和光、資生堂パーラー、株式会社サッポロライオン、
公益財団法人 東京都公園協会 緑と水の市民カレッジ事務局、カフェ&ブックス ビブリオテーク 東京・有楽町、
Book Tea Bed GINZA、銀座 蔦谷書店、国立国会図書館国際子ども図書館、ひるねこbooks、
Coffee&Bindery Gigi、東京都美術館 美術情報室、武蔵野市立ひと・まち・情報創造館 武蔵野プレイス、
NORIZ COFFEE、太宰治文学サロン、サロン・ド・テ ロンド、株式会社 虎屋、写真集食堂 めぐたま、
六本木ヒルズライブラリー、鎌倉文学館、かまくら駅前蔵書室、メッゲンドルファー、テールベルト&カノムパン、
スターバックス コーヒー 鎌倉御成町店、岩手県立図書館、国立国会図書館

3章は、掲載図書館からご提供いただいたものです。

カバー　写真提供:石黒写真研究所

本書で紹介している施設や店舗、商品などについての情報は
2018年10月現在のものです。変更の可能性もございますことを、あらかじめご了承ください。

staff
カバー・本文イラスト、イラストエッセイ(p76-89)　栗林拓司
ブックデザイン　羽賀ゆかり
写真　K
企画・構成・編集・執筆　図書館さんぽ研究会、中嶋 愛(ヤマモトカウンシル)、野田りえ

本のある空間で世界を広げる
図書館さんぽ

図書館さんぽ研究会

2018年12月3日初版発行

発行者　井上弘治

発行所　**駒草出版**　株式会社ダンク出版事業部
〒110-0016　東京都台東区台東1-7-1　邦洋秋葉原ビル2階
TEL:03-3834-9087
URL:http://www.komakusa-pub.jp/

印刷・製本　中央精版印刷株式会社

ISBN 978-4-909646-13-2